江苏省知识资本溢出效应研究

王敬勇 著

中国矿业大学出版社

·徐州·

内 容 提 要

本书首先概述了知识资本、知识资本溢出效应等相关概念。其次,分别从知识资本行业溢出、知识资本空间溢出两个方面阐述了知识资本溢出效应的理论基础。再次,从计算机信息资本、创新性资本、经济能力资本等方面考察我国区域知识资本的发展趋势。最后,使用空间计量技术,研究了我国省域知识资本与江苏省知识资本的溢出效应:运用我国省域数据,检验知识资本对产业结构优化升级、能源强度和碳排放强度的空间溢出效应;运用江苏省 13 个地级市和 16 个制造业行业等相关数据,测算了江苏省知识资本空间和行业间溢出效应。在上述理论分析与实证经验的基础上,本书提出了有效发挥知识资本溢出效应的对策建议,并对未来研究的方向进行了展望。

本书适合知识资本、经济规划研究等相关人员学习参考。

图书在版编目(C I P)数据

江苏省知识资本溢出效应研究 / 王敬勇著. —徐州:中国矿业大学出版社,2023.10

ISBN 978 - 7 - 5646 - 6032 - 1

Ⅰ.①江… Ⅱ.①王… Ⅲ.①知识经济－研究－江苏 Ⅳ.①F127.53

中国国家版本馆 CIP 数据核字(2023)第 206163 号

书　　名	江苏省知识资本溢出效应研究
著　　者	王敬勇
责任编辑	吴学兵
出版发行	中国矿业大学出版社有限责任公司
	(江苏省徐州市解放南路　邮编 221008)
营销热线	(0516)83885370　83884103
出版服务	(0516)83995789　83884920
网　　址	http://www.cumtp.com　E-mail:cumtpvip@cumtp.com
印　　刷	徐州中矿大印发科技有限公司
开　　本	787 mm×1092 mm　1/16　**印张** 11.75　**字数** 224 千字
版次印次	2023 年 10 月第 1 版　2023 年 10 月第 1 次印刷
定　　价	52.00 元

(图书出现印装质量问题,本社负责调换)

前　言

改革开放40多年来,我国经济与社会发展取得了举世瞩目的成就,但我国经济发展的主要动力仍是物质资本投入。近年来随着资源和环境约束日益突出,传统的自然资源消耗型经济发展方式越来越难以持续,构建以知识资本为基础的创新发展战略不仅成为学者们的普遍共识,也得到了党的十九大的肯定。近年来,不同国家之间、不同区域之间的竞争愈加激烈,中美贸易战、双边投资、知识产权、战略产业特别是高新技术领域等方面的竞争,对我国的经济发展提出了更大的挑战。

江苏省内区域经济发展差距问题一直困扰整体竞争力的提升。要破解江苏省内区域经济协调发展难题,必须坚持创新驱动,推动产业结构调整优化和质量效益提升。问题关键在于充分发挥和利用区内外知识资本的战略核心要素的空间集聚与溢出作用,形成江苏省内区域协同发展新路径。

本课题通过研究国内外关于知识资本溢出的理论与实践,并根据我国国情与江苏省省情,研究了我国区域知识资本与江苏省知识资本溢出效应。本课题组首先从理论方面研究了知识资本溢出效应,并利用CHS框架测度了我国区域知识资本存量和江苏省知识资本存量;其次,使用空间计量技术,研究了我国区域知识资本对产业结构优化升级、能源强度和碳排放强度的空间溢出效应;再次,依据空间溢出和行业溢出两种效应,研究了江苏省13个地级市和16个制造业行业的知识资本溢出效应;最后根据研究成果提出了政策建议。本课题的研究结论概况为以下4个方面。

第一,我国知识资本的省级差异较大,知识资本存量较高的省份主要集中于东部沿海地区,中西部与东北地区知识资本增长缓慢,高质量发展的动力不足,将进一步拉大各地区发展的差距。

第二,对我国区域知识资本的空间溢出效应进行分析,从邻接矩阵空间距离、反地理空间距离和经济空间距离3种溢出机制研究发现,区域知识资本存量、集聚和流动不仅有利于本区域的产业结构升级优化,降低能源强度与碳排放强度,也有利于邻近区域,但东部地区的空间溢出效应更加明显。

第三,江苏省的苏南、苏中、苏北三大区域知识资本存量存在着不平衡、不协调的问题。通过空间计量分析,江苏省内部各地区知识资本不仅对相邻地区经济增长有显著的溢出影响,相邻地区知识资本也会显著影响本区域的经济增长;通过空间关联网络分析,江苏省区域知识资本空间关联紧密程度仍较为一般,知识资本联系的板块则较为分散。

第四,江苏省行业知识资本增长主要以传统的制造业、资源制造业等为主,而通信设备、计算机及其他电子设备制造业增长缓慢,不利于江苏省高端制造业成为创新驱动重要力量。垂直维度的前后向知识资本对全要素生产率影响均呈现正向溢出效应,水平维度的知识资本对全要素生产率的溢出效应不明显。

由于作者水平所限,书中难免有不妥之处,敬请广大读者批评指正。

著 者

2023 年 7 月

目　　录

第一章　导　　论

第一节　问题的提出与研究意义

一、源于现实的问题

1. 中国经济发展方式向创新驱动转变的需要

知识资本与其他生产要素共同成为经济增长的动力源泉,促使经济增长方式向创新驱动转变。全球一些发达国家正大力促进知识资本积累。例如,在英国,知识资本投资占市场部门所创造的附加值的比例在 1970—2004 年间翻了一倍多;澳大利亚 30 年来知识资本积累率是物质资本的 1.3 倍;20 世纪 80 年代以来,日本的知识资本投资占 GDP 的比重持续上升;早在 1999 年,美国知识资本投资已经达到了物质资本投资的水平;其他国家,如芬兰、荷兰、瑞典、英国等发达国家,知识资本在 2006 年的投资已经超过了物质资本。由此可见,知识资本的作用已远远超过了资本和劳动,成为推动技术进步和经济增长的首要因素。

在我国,知识资本对经济增长的作用越来越大,但低于日本的 70.25 以及韩国的 68.92,已经接近于英国的 56.68,德国的 58.91,但与美国知识资本水平95.73 相差较大[1]。因此,面对知识资本投资以及对经济增长的贡献与发达国家的差距,我国需要加大知识资本投资,依靠知识资本集聚和溢出效应,提升知识资本对高质量发展的驱动作用。

2. 江苏省创新驱动有待提高,深入实施创新驱动发展战略刻不容缓

一是江苏省区域创新效率不高。《中国区域创新能力评价报告》显示,在连

---

[1]　唐辉亮.知识资本国际转移与经济发展转型研究[D].杭州:浙江工业大学,2015:51-53.

续 8 年排在中国各省市第一名后,2017 年名次开始下滑。虽然江苏省创新能力已经连续多年居于全国前列,但 2020 年创新效率的综合水平只排第 5 名,与创新效率排名第一的北京市差距明显。另外,江苏省在知识创造、知识获取、企业创新与创新环境等方面的效率均排在 5 名之后,因此,江苏省还需要加快提高区域创新效率。

二是江苏省区域创新潜力不足。2020 年江苏省创新潜力位于全国 31 个省市自治区的第 22 名,这将严重影响创新资源的获得,以及创新竞争力的进一步提升。根据《中国区域创新能力评价报告 2020》,江苏已经连续 3 年居于全国创新能力第 3 位,江苏省的专利创造能力,与广东省、北京市等地区相比,仍有一定的差距,2019 年国内企业发明专利授权量前十名中无一家江苏企业,广东有6 家企业上榜,北京有 4 家企业上榜,江苏企业专利创造能力有待进一步提升。全国各地都在激励争夺创新资源,因此,江苏省需要通过提高创新潜力,才能吸引全国乃至全球的知识资本,发挥知识资本溢出作用。

三是江苏省创新驱动发展不均衡。首先是行业不均衡,江苏省创新驱动主要集中于新能源、物联网和云计算、高端装备制造、智能电网产业,这些产业集中程度较高,布局结构有待进一步优化,新能源汽车产业和海洋工程装备产业的创新驱动有待进一步加强。这反映了江苏省各产业的知识资本投入不均衡,亟须对江苏省各产业知识资本进行优化配置。其次是江苏省创新驱动的区域不均衡,苏中、苏北与苏南之间的创新能力还存在较大的差距。从江苏省内区域上来看,苏南地区是各战略性新兴产业科技创新的主要阵地。结合江苏省县(市)创新能力 10 强评价结果,苏南有 9 个县(市),苏中有 1 个县(市),苏北暂未有县(市)入列,也体现较大的区域差异。因此,今后还需进一步促进苏南、苏中、苏北协调发展,以及知识资本在区域内以及跨区域的优化配置,实现集聚以及空间溢出等效应,真正做到区域优势互补,最终实现区域协调发展。

3. 破解江苏省区域经济协调发展难题

江苏省内区域经济发展差距问题一直困扰整体竞争力提升。一方面体现在产业结构区域差异非常显著。近年来,江苏省三次产业结构正处于从"二三一"向"三二一"跃升的阶段。但较为强势的制造业形成的"挤压效应"在一定程度上影响了服务业比重的提高和产业结构的优化,导致服务业增加值占 GDP比重偏低。江苏省产业结构转换系数的区域差异非常显著,除了苏南五市以外,其他地区产业结构转化系数均低于全省平均水平①。另一方面体现在江苏省市县、城乡、沿海与内陆等区域经济、社会发展差距虽然在不断缩小,但不均衡、不协调的状况还依然存在。要破解江苏省内区域经济协调发展难题,必须坚持创新驱动,推动产业结构调整优化和质量效益提升,其关键在于充分发挥和利用区内外知识资本的战略核心要素的空间集聚与溢出作用,形成江苏省内区域协同发展新路径。

4. 江苏省"富民"目标还需进一步加快

(1)江苏省居民收入在 GDP 中的占比一直处于全国中等偏下水平。近年来,江苏省国内生产总值持续稳定增长,2020 年 GDP 总额已处于全国 31 个省市自治区第二位,但人均 GDP 与北京、上海等地区相比差距明显。如表 1-1 所示,2020 年江苏省人均 GDP 超 12 万元,位于北京、上海等两个地区之后,其中北京超过 16 万元,上海超过 15 万元。居民可支配收入占人均 GDP 比重为0.36,只比福建省的 0.35 高。面对 GDP 中可支配收入偏低的现状,需要加大全社会知识资本的投资,提高知识资本对经济增长的贡献率,从而获得更大的投资回报。

表 1-1 中国东部 8 地区 2020 年城乡居民可支配收入状况

地区	农村居民可支配收入/元	城镇居民可支配收入/元	居民可支配收入/元	城乡居民可支配收入差距	人均 GDP/元	居民可支配收入/人均 GDP
上海	34 911	76 437	72 232.4	2.19	155 768	0.46
北京	30 126	75 602	69 433.5	2.51	164 904.5	0.42
浙江	31 930	62 699	52 397.4	1.96	100 070.3	0.52
天津	25 691	53 102	43 854.1	2.07	101 570.2	0.43
江苏	24 198	50 257	43 390.4	2.08	121 205.2	0.36
广东	20 143	47 659	41 028.6	2.37	87 896.8	0.47
福建	20 880	4 716	37 202.4	0.23	105 690.4	0.35
山东	18 753	43 834	32 885.7	2.34	72 028.8	0.46

① 王晓红,陈范红.新常态下江苏产业结构调整的显著特征与路径选择[J].南京社会科学,2015(11):151-156.

(2)江苏省城乡差距在缩小,但农村贫困地区收入动力不足。江苏省城乡居民可支配收入差距在不断缩小,苏南、苏中、苏北区域之间的居民收入差距也呈现缩小趋势,但农村贫困地区收入内生动力不足。对于农村以及农村中的贫困地区,要发挥知识资本的溢出作用,让城市知识资本向农村溢出,向农村贫困地区溢出,提升农村知识资本水平,提高农村知识资本在要素创造价值中的比重,从而激发农村内生动力,促进农村自主增收。

(3)资源环境约束压力大。江苏省人均耕地仅 0.86 亩,经过高强度的开发,使得土地资源的使用几乎达到极致。2010—2020 年,江苏耕地面积不断减少。建设用地的"超大规模提前使用"更加显示出土地资源的紧张。此外,根据《中国区域创新能力评价报告 2020》,江苏省可持续发展与环保综合实力指标处于第 29 位,效率指标处于第 5 位,潜力指标处于第 15 位,这些均反映了江苏省资源环境约束压力大的现状。因此,需要加大对资源环境方面知识资本的投入,实现知识资本高的行业向资源环境等行业的溢出效应。

二、源于学术研究的问题

1. 知识资本的测度方法

(1)知识资本构成要素的争议

对于知识资本内涵的研究,学者们基本上达成了一致的结论,但对知识资本的构成要素则存在较大的争议。知识资本测度的指标体系,在不同的国家或地区具有较大的差异,这也是知识资本理论争论的主要问题。

(2)测度方法

即使在确定了知识资本测度指标体系后,测度方法也各有优缺点。知识资本测度方法有三大类,包括支出法、产出法以及指数法。支出法反映了一个国家、地区或企业在知识资本的投资水平,但由于知识资本的构成要素存在着很难量化的指标,或者企业的知识资本投资存在着很多不确定性,因此,很难采取统计调查方式获得。支出法为 Corrado、Hulten 和 Sichel(2009)三位学者在知识资本测度领域做出的突破性贡献,奠定了知识资本测度的基石。投入法测度知识资本,常使用投入产出法的投资回报率方法。由于专利价值的不确定性,测度知识资本的投资回报率,特别是社会回报率,将面临巨大的困难。但基于知识资本溢出的方法或可成为一种测度知识资本投资的有效方法。最后,对于指数法来讲,存在的困难是测度指标体系的构成,包括数量性指标和定性指标、存量和流量指标或投入和产出指标。指数法既不能体现知识资本的投资水平,也不能反映产出资产的价值状况。

（3）知识资本要素以及测度参数的选择

由于知识资本使用期限和使用折耗，需要确定相关参数，Corrado、Hulten 和 Sichel（2009）给出了相应参数值，但每个国家相关统计制度不同，知识资本构成及其测度参数具有异质性。知识资本中研发价值的测度、设计资本的界定与测度以及组织资本的测度等都是知识资本中很难测度的资产。其中，研发价值折旧率的选择、研发投资的价格平减指数，组织资本折旧率的选择，知识资本溢出效应的测度，各种研究之间存在显著的分歧。

2. 知识资本溢出与经济、社会发展关系研究

从目前文献来看，关于知识资本溢出效应测度，常用研发资本存量指标。但知识资本不仅包括研发资本，也包括计算机信息资本、设计品牌资本和组织资本等，这些资本也存在溢出效应。如果只用研发资本测度溢出效应，会低估知识资本的溢出效应。现有文献往往只关注成功的研发，而未将失败的研发计入成功的代价；知识资本既有积极作用，也有消极作用，而消极作用未得到充分关注；很多专利缺乏经济价值。因此，精确测定知识资本溢出效应还有很多工作要做。

三、研究意义

1. 理论意义

本课题以新经济增长理论为指导，以知识资本溢出为新视角，以江苏省为研究对象，研究知识资本与经济增长的关系及其知识资本的贡献，研究知识资本行业间溢出机制、空间溢出机制；从经济增长、社会发展与创新能力等方面，全面考察知识资本的溢出效应，既分析研发资本的溢出效应，也分析非研发资本如设计、组织、信息技术等资本的溢出效应，推动了对知识资本溢出效应的理论研究，进一步丰富了创新驱动的理论体系。

2. 实践意义

其一，测度江苏省知识资本存量及其溢出效应，比较江苏省与其他地区知识资本投资、存量以及溢出效应，可以发现江苏省在知识资本集聚与溢出方面的优势和劣势，为江苏省知识资本的空间、行业等结构优化提供政策选择和理论依据。

其二，测度江苏省区域知识资本对经济增长的空间溢出效应，以及知识资

本对制造业全要素生产率的行业溢出效应,特别是考察溢出与产业结构优化升级、能源消耗与经济增长、全要素生产率等方面的关系,将对江苏省创新能力发展与实施创新驱动战略意义深远。同时,也为今后缩小区域差距、区域协调发展、居民富裕等提供政策选择和依据。

第二节　研究目标

第一,在对国内外相关文献归纳的基础上,科学界定区域知识资本及其溢出内涵。

第二,使用 CHS 框架测度我国 31 省市自治区知识资本存量、江苏省 13 个地区以及制造业知识资本存量。

第三,实证检验知识资本的行业间溢出与空间溢出效应。

第三节　研究内容、思路与技术路线

一、主要研究内容

本书的主要研究内容如下:

(1)文献梳理与理论基础。文献梳理包括 4 个部分:① 知识资本内涵相关研究现状。② 知识资本构成要素相关研究现状。③ 知识资本测度相关研究现状。④ 知识资本溢出相关研究现状。理论基础包括 2 个部分:① 完善知识资本相关概念及理论。② 以内生经济增长理论、人力资本理论与区域创新理论为基础,为溢出效应实证分析寻求理论依据。

(2)知识资本溢出效应理论研究。本书区分了知识资本溢出与技术创新溢出、人力资本溢出以及贸易溢出方面的差异,并分析了知识资本的行业间溢出机制,以及空间溢出作用机制,最后研究了知识资本对产业结构优化升级、能源强度、碳排放与经济增长的溢出效应。

(3)知识资本估算研究。知识资本存量测度采用物质资本测度方法——永续盘存法,但还存在很多不足。如永续盘存法中基年存量的确定,不同知识资本构成的折旧率不同,不同时间段的折旧率也不同。如何找到适合于我国知识资本测度的相关参数,将成为知识资本存量估算的关键,也成为知识资本后续研究的基础。

（4）知识资本溢出效应研究。知识资本不仅对区域自身有溢出效应，同时也对邻近区域有溢出效应。通过估算全国 31 个省市自治区的知识资本存量，以及江苏省 13 个地级市的知识资本存量，研究知识资本的溢出效应。知识资本溢出效应不仅包括空间溢出效应，也包括行业溢出效应。知识资本的溢出不只是对经济增长产生影响，同时还包括对产业结构优化、能源效率以及碳排放等方面的溢出。

（5）知识资本的行业间溢出效应研究。通过投入产出表和空间计量技术，研究知识资本的行业间溢出效应，可以了解不同行业间知识资本的相互影响，可以揭示知识资本行业间溢出效应的特征，可以有针对性地发挥知识资本溢出效应对提升工业行业创新能力的推动作用。

二、研究思路

（1）要回答知识资本及其溢出效应是什么的问题。
（2）如何构建知识资本估算指标体系与知识资本测度问题。
（3）如何评价知识资本的空间溢出效应与行业溢出效应。

三、研究重点、难点

1. 本书的研究重点
（1）知识资本空间与行业间溢出机制。
（2）基于支出法的知识资本存量的测度。
（3）知识资本的经济增长贡献。
（4）知识资本溢出效应的检验。

2. 本书的研究难点
难点在于只有科学地测度知识资本存量，才能度量知识资本的贡献以及检验知识资本的溢出效应。同时，用投入产出表度量行业间关联矩阵，进而形成空间加权矩阵；以及度量知识资本的空间直接效应、间接效应和总效应等。

四、研究技术路线

本书研究的技术路线如图 1-1 所示。

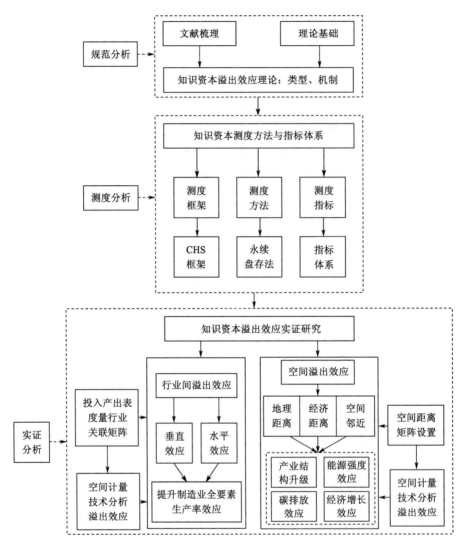

图 1-1　研究的技术路线

第四节　创　新　点

本书创新之处主要有以下几点：

（1）结合我国特色社会主义实际发展状况以及制度背景，利用支出法对江苏省乃至全国知识资本投资及其资本存量进行测度，不仅度量了研发类知识资本,也度量了非研发类知识资本,为知识资本存量奠定了统计基础。

(2)在测度的基础上,不仅度量了研发类知识资本的贡献,同时也度量了非研发类知识资本的贡献。从不同类型的知识资本的角度,可以更全面地发现知识资本的作用。

(3)从行业间与空间两个方面对知识资本的溢出效应进行研究,同时考虑行业创新能力提升效应、地区产业结构升级效应、地区技术进步效应、地区收入差距效应以及地区环境效率效应;从创新、经济与社会发展等多个角度考察知识资本效应,使研究更加全面。

第二章　知识资本研究现状

第一节　知识资本内涵研究现状

一、公司层面的知识资本内涵

1. 国外研究

知识资本(intellectual capital),于 1969 年由美国经济学家 J. K. Galbrainth 首次正式提出。他认为,知识资本具有静态无形资产和动态知识活动的特征,同时还是有效利用知识的过程与实现目标的手段。

美国学者 Stewart 将知识资本定义为"公司中所有成员所知晓的能为企业在市场上获得竞争优势的事物之和"。知识资本不仅是经济价值的主要来源,也是当今社会应对生态挑战的关键因素(Massaro 等,2018)。因此,环境能力和绿色资产成为当前知识资本研究的新维度。绿色知识资本是指在价值创造过程中与环境变量相结合的知识管理所创造的无形资产(Albertini,2021)。其依然沿用要素分类法,即包括绿色人力资本、绿色结构资本和绿色关系资本 3 个要素(Tang 等,2018)。自此,众多学者从不同的角度对知识资本内涵进行了界定,具体见表 2-1。

表 2-1　国外对知识资本内涵的界定

作者	年代	主要观点
J. K. Galbrainth	1969	知识资本是一种知识性的活动,是一种动态的资本,而不是固定的资本形式
Stewart	1991	知识资本是公司中所有成员所知晓的能为企业在市场上获得竞争优势的事物之和,包括知识、知识产权、经验等
Hudson	1993	知识资本是基因遗传、教育、经验及对生活工作的态度
Stewart	1994	企业知识资本的结构资本是指企业的组织结构、制度规范和文化等

表 2-1（续）

作者	年代	主要观点
Klein, Laurence Prusak	1994	知识资本是具有高附加值的智力资源
L. Edvinsson, P. H. Sullivan	1996	企业知识资本的结构资本是指不依附于企业人力资源而存在的组织的其他所有能力,包括无形因素和有形因素
Nick Bontis	1996	知识资本是企业市场价值与账面价值间的差额
Sveiby	1997	知识资本体现在企业的员工能力、内部结构和外部结构 3 个方面之中的综合价值
Van Buren	1999	企业知识资本的结构资本包含组织内信息科技的运用、公司声誉、知识库建立、组织思维、专利、著作权、系统、工具以及经营哲学
Petty,Guthrie	2000	知识资本是与货币资本一起创造未来价值的资源
Bontis	2002	知识资本是组织中的知识存量
Corrado	2005	旨在增加未来而不是当前消费的支出
Albertini	2021	在价值创造过程中与环境变量相结合的知识管理所创造的无形资产

2. 国内研究

国内关于知识资本内涵的研究主要借鉴国外的观点,但也进行了一定的创新。具体见表 2-2。

表 2-2　国内知识资本内涵研究

作者	年代	主要观点
袁丽	2000	知识资本是企业账面价值与市场价值的差额
袁庆宏	2001	知识资本是组织应用知识与技能创造价值的能力
王勇,许庆瑞	2008	知识资本是能够用于创造财富的企业能力
赵罡,陈武,王学军	2009	知识资本是企业创造价值的所有无形资源的总和

3. 对知识资本内涵的分类与评述

对企业知识资本内涵进行梳理得出,企业微观层面的知识资本主要有以下几个特征。

（1）知识资本是企业本身存在的价值。知识资本本身对企业有价值,同时知识资本也通过提高企业经营管理能力与效率,提高企业盈利能力,增加企业的价值。

（2）知识资本如何实现企业价值及其增值。知识资本挖掘、传递、管理等活动是实现企业价值及其增值的关键因素。

（3）从知识创造和创新的角度解释知识资本。知识资本关注企业持续的创新能力和竞争优势的获取。

以上三种视角只说明企业知识资本现有的价值，没有从投入或产出的视角，考虑知识资本如何获得、如何积累，以及知识资本对企业外部的溢出效应。

二、国家或区域层面的知识资本内涵

在知识经济时代，研究区域知识资本相关理论可以对国家经济和区域经济的发展起到重要的指导作用，所以，区域知识资本问题逐渐成为知识资本研究的一个热点问题。知识资本是相对于促进区域经济发展的有形资本而言的，如土地、劳动力和自然资源等，知识资本的无形性和价值创造性是其主要特征。对于区域知识资本概念的界定，不同的学者有着不同的理解，在有关区域知识资本的文献中提及较多的有两位学者：Nick Bontis（2004）和 Andriessen（2005），我国学者陈武（2010）也提出了区域知识资本的概念。可以看出国内外学者虽然从不同的角度出发对区域知识资本内涵进行了界定，尽管存在一定差异，但大都强调了区域知识资本具有区域性、隐形价值和创造未来利益的特征，见表 2-3。

表 2-3　国内外对国家或区域知识资本内涵的界定

作者	年份	观点
Bontis	2004	区域知识资本定义为"个人、企业、研究机构、社区和区域所拥有的隐性价值，它们是当前和未来财富创造的源泉"
Andriessen，Stam	2005	国家（区域）知识资本是"国家或区域可以利用的所有无形资源，它能够产生比较优势，通过整合能够创造未来的利益"
Schiuma，Lerro，Carlucci	2008	区域知识资本是支撑区域经济发展和成功的关键要素
赵坤，孙锐	2006	区域知识资本是在特定的区域内，个人与企业投资获得的具有经济价值的知识、技能、经验、知识产权等因素的整合
李平	2007	区域知识资本定义为在一定区域网络范围内存在和流动的具有价值创造功能的知识
刘思嘉，赵金楼	2009	区域知识资本是区域内能为区域经济增长、社会进步带来促进作用的人才、知识、技术、文化、环境等因素
王哲	2009	区域知识资本是区域内个人、企业、机构、社区和地区的隐藏价值，是当前和潜在创造财富的源泉

表 2-3（续）

作者	年份	观点
赵静杰，马静	2010	区域知识资本是指在一个特定的区域知识网络空间范围内，企业、大学、政府和研究机构等知识行为主体，通过将投资所产生的知识、技能、经验、知识产权等质量因素进行整合和培育，可在区域内传播、扩散和共享并创造商业应用价值，最后在区域内积累形成知识资本储备的资本。它能加快区域经济交流和经济快速增长
张秀萍，柳中权，张弛	2011	区域知识资本是在一定范围的区域内存在并具有创造价值功用的可流动知识资本
唐新贵，许志波，闻森	2012	区域知识资本是指一定区域内能带来高度增值并具有知识性的无形价值。知识资本包含智慧资本、技术资本、结构资本和关系资本

站在国家或区域层面的角度，经济增长的传统动力正逐步减弱，创新驱动正在发挥重要作用。因此，区域知识资本应该是与劳动力、物质资本共同作用于经济增长的有价值的生产要素，是区域内战略性生产要素。

第二节　知识资本构成要素研究现状

一、国外知识资本构成要素分类研究

1. 分类方法

Kaplan 和 Norton（1996）最早探讨了知识资本的具体构成要素，但他们认为人力资本就是知识资本的最核心要素，并没有过多阐述知识资本的其他要素构成。Sullivan（2000）则提出了知识资本划分的二元法，即知识资本可分为人力资本和智力资产两大类。Edvinsson 和 Malone（1997）提出了知识资本的三元法：人力资本、内部结构资本与外部关系资本。Brooking 等（1998）定义的知识资本由人才资本、知识资本、基础结构资本及市场资本组成。Bueno 等（2006）提出了知识资本的五元划分法，其知识资本分析框架由人力资本、技术资本、组织资本、经营资本及社会资本组成。

（1）主要分类方法

目前区域（或国家）知识资本分类主要借鉴企业知识资本分类方法，比较有代表性的有：① 借鉴 Scandia Navigator（Edvinsson 和 Malone，1997）模型的"四分法"（即将区域和国家知识资本分为人力资本、市场资本、创新资本和过程资本），如 Malhotra（2000，2003）、Bontis（2004）、Lin 和 Edvinsson（2011）、Uziene

(2014)等。② 借鉴 Steward(1997)研究的"三分法"(即将区域和国家知识资本
分为人力资本、结构资本和关系资本),如 Andriessen 和 Stam(2005)、Stam 和
Andriessen(2009)等。近年来,部分学者在三分法基础上又增加了"社会资本",
如 Kapyla 等(2012)、Salonius 和 Lönnqvist(2012)等,这样原先的"三分法"也演
变成"四分法"。③ 其他分类,如 Schiuma 等(2008)的"智慧程序、操作系统、硬
件、软件"特殊四分法,Kujansivu 和 Lönnqvist(2012)的"私人部门知识资本、
公共部门知识资本、第三部门(即民间组织)知识资本、第四部门(即家庭、亲戚
和朋友)知识资本"特殊四分法;López Ruiz 等(2010,2011)、Ruiz 等(2011)和
Navarro 等(2011)的"人力资本、结构资本和无法明辨资本"特殊三分法;
Macerinskas 和 Aleknaviciute(2012)的"人力资本、关系资本、创新资本、技术
环境和制度环境"五分法;Hervas-Oliver 和 Dalmau-Porta(2007)的九分法等。
鉴于各国对于环境问题的重视,Svarc 等(2020)结合现有的欧盟统计数据和指
标,把环境方面的资本也纳入了知识资本要素,构建了度量区域知识资本的
NIC 模型。该模型包含以下要素:人力资本、社会资本、结构资本、关系资本和
可再生/发展资本。国外关于知识资本构成要素的分类见表 2-4。

表 2-4　国外关于知识资本构成要素的分类

作者	年份	二分法	三分法	四分法	五分法
Edvinsson,Sullivan	1996	人力资源、结构资本			
Sullivan	2000	人力资本、智力资产			
Bontis	1996		人力资本、关系资本、组织资本		
Hubert	1996		雇员资本、组织资本、关系资本		
Roots	1997		人力资本、结构资本、客户资本		
Stewart	2003		人力资本、结构资本、客户资本		
Andriessen,Stam	2005		人力资本、结构资本、关系资本		
Stam,Andriessen	2009		人力资本、结构资本、关系资本		

表 2-4（续）

作者	年份	二分法	三分法	四分法	五分法
Brooking	1998			人力资本、结构资本、市场资本、知识资本	
Edvinsson，Malone	1997			人力资本、市场资本、创新资本、过程资本	
Johnson	1999			人力资本、关系资本、过程资本、创新资本	
Malhotra	2003			人力资本、市场资本、创新资本、过程资本	
Bontis	2004			人力资本、市场资本、创新资本、过程资本	
Lin，Edvinsson	2011			人力资本、市场资本、创新资本、过程资本	
Uziene	2014			人力资本、市场资本、创新资本、过程资本	
Kapyla 等	2012			人力资本、结构资本、关系资本、社会资本	
Salonius，Lönnqvist	2012			人力资本、结构资本、关系资本、社会资本	
Van Buren	1999				人力资本、市场资本、创新资本、过程资本、顾客资本
Macerinskas，Aleknaviciute	2012				人力资本、关系资本、创新资本、技术环境、制度环境
Svarc 等	2020				人力资本、社会资本、结构资本、关系资本、可再生/发展资本

（2）分类要素之间的相互关系

无论是四分法，还是三分法，在大部分文献中，区域（或国家）知识资本的各个组成部分通常是以并列关系存在的，但 Salonius 和 Lönnqvist（2012）认为，国家知识资本包括人力资本、关系资本、结构资本、社会资本，其中社会资本是基础，其他三部分只有通过社会资本才能有机连接和整合。

2. 国家或区域知识资本构成要素模型

（1）Edvinsson 和 Malone（1997）知识资本导航仪模型

Edvinsson 和 Malone（1997）知识资本导航仪模型如图 2-1 所示，将区域知识资本划分为人力资本、创新资本和物质资本。区域物质资本是该建筑的屋顶，反映了区域发展的历史和过去。建筑的支柱是区域人力资本、过程资本和市场资本，这些是区域经济发展的重要保障和内在支撑，成为决定该区域当前发展最核心的因素。区域创新资本属于建筑的地基，表明其是该地区未来发展的基础和依赖。为区域经济发展的未来，现在必须集中精力发展区域创新资本，以获得该地区未来发展和更新所需的能力。

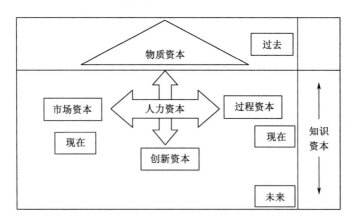

图 2-1　Edvinsson 和 Malone（1997）知识资本导航仪模型

（2）Bontis（2002）修正模型

Bontis（2002）基于 Edvinsson 和 Malone 的知识资本导航仪模型，结合区域经济研究的基本原理，提出了区域知识资本模型，如图 2-2 所示。在模型中区域知识资本由人力资本和结构资本两部分构成；结构资本又进一步分为社会资本和组织资本；组织资本还可进一步分为创新资本和制度资本。区域人力资本是指与该地区人力资源相关的无形资本，包括实现区域经济和社会发展目标所需的所有知识、教育和人力竞争力。区域结构资本是指可以确保区域经济安全、有序、高效运行,充分发挥区域人力资源作用的无形资产,其嵌入区域创新网络,形成区域社会运营平台。区域社会资本是指与外部相联系的所有资源、信任、规范和网络,可通过区域联系、区域合作促进协调行动、提高社会效率,其嵌入社会框架、社交网络和社会文化中,可以通过技术扩散、信息流通、生产组织和市场规模效应等渠道充分发挥其优势。区域组织资本是知识资本的基本条件,为区域经济发展提供组织平台和制度保障,包括区域硬件、软件、基础设施、产业结构和安全条件。区域创新资本是指区域内的创新能力和创新成果,反映出区域未来的知识财富。区域制度资本是指为该地区的人力资本创造价值的制度环境和保障,它体现在区域法律法规的完善程度、制度的实施、地域文化传统等社会文化、心理条件和社会公平,客观地反映了区域政府职能在区域经济发展中的作用。

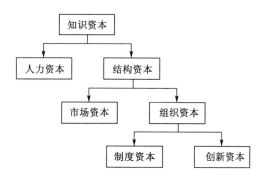

图 2-2 Bontis(2002)修正的区域知识资本导航仪模型

(3) Salonius 等(2012)国家知识资本模型

Kapyla 等(2012)认为国家知识资本应该具有 4 个因素,包括人力资本、结构资本、关系资本与社会资本,如图 2-3 所示。Salonius 和 Lönnqvist(2012)认为,在国家知识资本的四个组成部分(人力资本、关系资本、结构资本、社会资本)中,社会资本是基础,其他三部分只有通过社会资本才能实现有机连接和整合。

(4) Svarc 等(2020)NIC 模型

NIC 模型包含以下要素:人力资本、社会资本、结构资本、关系资本和可再生/发展资本,将区域知识资本用个别指标度量各维度后加权计算总值,得出欧盟各国的知识资本排名,用实证研究探讨了 NIC 在欧洲国家数字化转型中的应用,如图 2-4 所示。

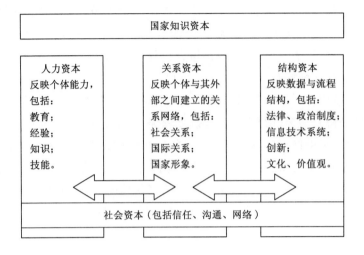

图 2-3　Salonius 等(2012)国家知识资本模型

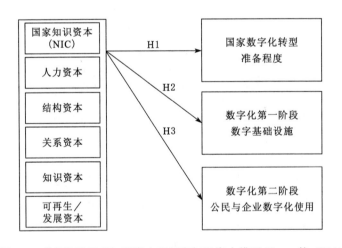

图 2-4　度量欧盟国家知识资本的国家知识资本模型(Svarc 等,2020)

二、国内关于国家或区域知识资本构成要素分类研究

国内知识资本研究起步较晚,在区域知识资本评价指标的选取上,由于区域知识资本内涵和构成要素的差异性,目前还没有形成统一的认识。国内关于

国家或区域知识资本构成要素的分类见表2-5。

表 2-5 国内关于国家或区域知识资本构成要素的分类

作者	年份	构成要素	评价对象
李平	2006	人力资本、结构资本和关系资本	
刘晓宁	2006	创新资本、人力资本、关系资本和结构资本	全国 31 个省市自治区
陈钰芬	2006	人力资本、关系资本、过程资本和创新资本	全国 31 个省市自治区
赵海林	2008	人力资本、结构资本和关系资本	
王孝斌,陈武,王学军	2008	创新资本、人力资本、关系资本和结构资本	
王学军,陈武	2008	创新资本、人力资本、关系资本和结构资本	湖北
高亚莉,张薇,李再扬	2009	人力资本、结构资本和关系资本	全国 31 个省市自治区
董必荣,凌华,陈效林	2010	创新资本、人力资本、关系资本和结构资本	江苏与全国 31 个省市自治区
赵静杰,马静	2010	区域人力资本、区域技术资本和区域环境资本	全国东、中、西部
蒲惠荧,陈和	2010	区域人力资本、区域关系资本、区域结构资本和区域创新资本	广东省以及各地级市
楼文高,杨雪梅,张卫	2010	人力资本、创新资本和关系资本	全国 31 个省市自治区
陈武,王学军	2010	人力资本、结构资本和关系资本	全国 31 个省市自治区
张丹,史竞	2011	资源、流程、无形资产和产出	3 座城市和 5 个国家
张秀萍,柳中权,张弛	2011	人力资本、结构资本、创新资本和制度资本	全国 31 个省市自治区
张运华,吴洁	2015	人力资本、流程资本、市场资本、更新资本和金融资本	全国 31 个省市自治区

第三节 知识资本测度研究现状

一、基于支出法的知识资本测度研究

Corrado、Hulten 和 Sichel(2009)三位学者在知识资本测度领域做出了突破性的贡献,奠定了知识资本测度的基石。按照知识资本投资支出法计量企业每年投入这些资产中的资源的货币价值,知识资本包括计算机信息资本、创新性资本和经济能力资本。其原理来源于物质资本测度方法,既可以测度知识资本的投资,又可以测度知识资本存量。具体内容见表 2-6。

表 2-6　知识资本的类型、计算方法与折旧率

资本类型	资产类型	计算方法	折旧率/%
计算机信息资本	软件	包括自用、购买和客户定制的软件	33
	数据库		
创新性资本	科学与研发	企业研发支出	20
	矿产勘查	采矿业研发支出	
	原创性娱乐、艺术作品	计为 2 倍的电影业开发费用	
	金融产品开发	金融中介服务购买价值的 20%	
	新建筑与工程设计	建筑与工程咨询服务费的 50%	
	人文社会科学研发	计为企业所购服务的 2 倍	
经济能力资本	品牌价值	广告费用:购买广告服务的支出	60
		营销费用:营销服务费用	
	培训	培训期间的直接成本、工资成本	40
	组织资本	自有部分:管理层薪酬的 20%	40
		购买部分:管理咨询服务费的 80%	

1. 国家或区域知识资本测度

OED(2011,2013)、Fukao 等(2009)、Corrado 等(2009,2010)、Hulten 等(2009)对英国、澳大利亚、日本、荷兰、瑞典、美国、法国等发达国家,以及中国等发展中国家的知识资本进行了测度。研究发现:① 知识资本投资量以及投资增长率均持续增长,一些发达国家的知识资本投资增长率超过了物质资本,如芬兰、瑞典、英国、美国等。② 知识资本的投资不仅包括支持创新方面的研发投资,也包括非研发投资,非研发性知识资本的投资提高得更快。③ 知识资本在发展中国家的经济发展中起到了重要作用,尽管其作用还不如发达国家。

在国内,王云(2012)、田侃等(2016)、郑世林和杨梦俊(2020)使用 CHS 框架对我国省际无形资本存量进行了测度,为后续利用该存量开展研究提供了基础。

2. 产业层面知识资本测度

由于产业层面很难统计计算机经济能力资本,产业层面的知识资本测度多以研发资本和信息化资本作为替代,但会低估产业层面知识资本对生产率的作用。随着统计技术的完善,使用 CHS 框架准确测度产业层面的知识资本,正变得更可行。如表 2-7 所示,一些国外学者也开展了这方面的研究。

表 2-7 产业层面的知识资本投资研究

作者	年份	涉及国家及产业	时间范围/年	主要观点
Ram,C. Acharya	2010	OECD 16 个国家 24 个行业	1973—2004	知识资本具有行业间溢出效应
Tsutomu,Miyagawa 等	2013	27 个行业	1981—1990 1991—2000 2001—2008	知识资本投资可以解释 TFP 增长的 70%
Dirk Crass 等	2014	A-K 项 2 位数行业	1995—2006	行业层面,1995—2006 年德国的知识资本投资增加了 30%,近一半都投资到制造业;知识资本对劳动生产率的贡献从 0.17%(建筑业)到 0.59%(制造业)
P. Barnes	2014	澳大利亚制造业总体与服务业总体	1993—2006	
Niebel,Mahony,M. Saam	2014	欧盟 14 国,Nace Rev. 1.1 中 A-K 项及 O 项产业	1995—2007	
Chun 等	2015	日本工业生产部门、韩国工业生产部门 27 个行业	1995—2010	日本制造业的知识资本/增加值比率比韩国高,但 1995 年后,知识资本对经济增长的贡献显著降低
Harald Edquist 等	2016	50 个行业	1993—2013	研发投资对 TFP 增长具有显著的正影响
Mattia Di Ubaldo 等	2017	爱尔兰 NACE 2 位数行业	2006—2012	相比于国外知识资本投资的影响,国内知识资本的投资对行业生产率增长的影响更大;研发投资对行业生产率的影响比非研发知识资本的影响大

Niebel 等(2014)的研究表明,14 个欧盟国家中,制造业知识资本投资比重较大,是制造业劳动生产率增长的重要推动力量。Chun 等(2015)发现韩国和日本的知识资本投资对制造业 TFP 增加有显著促进作用。

目前,由于统计调查数据的缺陷,在国内使用 CHS 框架的支出法对知识资本测度还不足,较多的是利用永续盘存法对研发资本存量的估计。

二、国家或区域知识资本测度的指数法

相对于支出法对数据的严格要求,指数法则需要构建知识资本的指标体系,利用统计、多元综合评价等模型从而获得测度指数。知识资本指标可以是货币性数据,也可以是非货币性数据;可以是定量指标,也可以是定性指标;可以是投入指标,也可以是产出指标,指数法测度方法比较灵活,数据获得率较高。Carol Yeh-Yun Lin 和 Leif Edvinsson(2012)构建了人力资本、市场资本、过程资本、创新资本、金融资本等 5 要素指标体系,评估了 40 个国家的区域知识资本状况,以及知识资本与经济增长的关系。

在国内,指数法应用更为广泛。刘晓宁(2006),陈钰芬(2006),张秀萍、柳中权、张弛(2011)构建 4 要素 3 层次的知识资本指标体系,对全国 31 个省市自治区的知识资本进行测度;高亚莉、张薇、李再扬(2009),陈武、王学军(2010),楼文高、杨雪梅、张卫(2010)等构建 3 要素 3 层次的知识资本指标体系,对全国 31 个省市自治区的知识资本进行测度;王孝斌、陈武、王学军(2008),蒲惠荧、陈和(2010),董必荣、凌华、陈效林(2010)等利用指数法对湖北、广东以及江苏省的知识资本进行测度。

第四节　知识资本溢出研究现状

一、知识资本溢出渠道

知识资本主要通过区域内贸易、人员交流、技术合作、人力资本的流动,以及区域间国际商品贸易、FDI、企业家创业等方面渠道产生溢出效应。

1. 国际贸易

Grossman 和 Helpman (1991),Coe、Helpman 和 Hoffmaister (1997)均发现,国际贸易产生的研发溢出能够促进本国生产率的提高,特别是发达国家对发展中国家的技术溢出效应。

从进口贸易角度,进口的 R&D 溢出具有显著性[Grossman 和 Helpman(1991),Coe 和 Helpman(1995),Van Pottelsberghe 和 Lichtenberg(2001),Funk(2001),唐保庆(2010),Le(2012),高凌云和王永中(2008),邓海滨和廖进

中(2010),刘舜佳(2013)]。进口渠道R&D溢出效应不显著的结论有:王英和刘思峰(2008),肖文、林高榜(2011),程惠芳和陈超(2016)等发现进口溢出效应只在发达经济体有作用,而在转型和发展经济体不显著。出现不同的结论的原因,一是学界已有的研究只考虑了研发性质的知识资本溢出,而没有考虑非研发的知识资本溢出;二是只考虑了进口贸易中知识资本溢出的积极作用,而没有考虑进口贸易中知识资本溢出的消极作用(如挤出效应)。

从出口贸易角度,Funk(2001)将出口渠道纳入CH模型,发现出口是研发溢出重要渠道。Ang和Madsen(2013)也发现出口有利于R&D溢出。王英和刘思峰(2008),程惠芳和陈超(2016)的研究也证实了这个结论,指出我国出口贸易中,海外知识资本对我国技术进步溢出显著。

2. 对外直接投资

通过外商投资渠道,东道国可以利用示范-模仿、市场竞争、垂直联系和人员流动等效应促进国内技术进步[Görg和Greenaway(2004)]。Hejazi和Safarian(1999)发现通过FDI中的研发资本可以促进东道国技术进步。Van Pottelsberghe和Lichtenberg(2001)则认为FDI渠道的影响并不明显。Ang和Madsen(2013)指出通过FDI的R&D溢出并不明显。

在国内,关于FDI的知识溢出研究存在较大的争论。潘文卿(2003),陈继勇和盛杨怿(2008)认为FDI企业在当地从事生产活动带来的知识溢出并不能对当地产生影响,而肖文、林高榜(2011)则认为外商在华生产有溢出效应。陈超(2016)研究也表明FDI是知识资本跨国溢出的主要渠道,但不同类型的经济体溢出效果不同,一般转型经济体的知识资本溢出效应比发达经济体和发展经济体的影响更大。

3. 基于知识人才流动的知识溢出机制

知识蕴含于人力资本中,人力资本流动能够促进知识资本溢出,特别是创新资本流动的主要途径。人力资本促进了新知识的创造,加快了知识在不同群体之间的传播[Almeida和Kogut(1999),Fosfuri等(2001)]。Williams(2007)认为人才的国际流动是科学技术和管理知识在全球范围内快速扩散的强力机制,国际移民成为技术转移的重要渠道[Andrew和Sanket(2008),Le(2008)]。杨河清和陈怡安(2013)发现海归回流作为国际知识转移的新渠道对我国知识溢出效应有显著影响,能促进全国技术进步。

4. 基于研发合作的知识溢出机制

产学研的合作正在成为知识资本溢出的主要机制。区域内产学研合作与交流,区域间技术的交流、知识产权的交易、研发信息的沟通、创新资源的共享等大大促进了知识资本的溢出。当区域间文化与技术相似,区域间邻近,以及交通基础设施的连接,提高了知识互动交流的效率,有助于知识资本的溢出[Combes(2000),Maurseth 和 Verspagen(2002),Hussler(2004)]。

5. 基于企业家创业的知识溢出机制

企业家活动不仅仅涉及发现机会,而且包括溢出知识的利用。企业家的创业活动是一种有效的实现知识从组织中溢出的环节[Audretsch 和 Stephan(1996),Zucker 和 Brewer(1998)],也是实现新知识市场价值的重要途径[R. Agarwal(2008)]。Acs 等(2012)认为创业作为知识溢出的导管和一种能够渗透知识过滤的机制与经济增长之间具有显著的正相关关系。

二、知识资本溢出测度

在知识生产函数中,企业一般把研发投资作为生产函数的投入,专利产出作为研发投入的函数,利用投入产出法测度知识函数中的研发效率。地区专利的正面影响受到了地理距离、技术距离等方面的影响。Griliches(1979)研究了产业间和企业间的技术距离的影响,而 Jaife(1986)研究了地理距离对 R&D 绩效及知识溢出的影响。

Anselin(1997)应用空间计量经济学模型扩充了知识生产函数,在州际和城市两个层面,引入地理距离指数,研究了研发活动的知识溢出。知识资本不仅是静态资本,也是知识生产活动,知识资本的溢出具有滞后性。Fischer 和 Varga(2003)从知识生产的时滞视角,研究了知识资本的溢出。

从省际和城市考察地理距离的硬性因素,以及经济、技术距离的软性因素,对知识资本溢出的影响机制,正在成为区域知识资本研究的热点。这部分研究通过空间计量模型、空间滞后模型、空间误差模型或空间杜宾模型,从各个角度测度知识资本的直接效应、溢出效应与总效应。同时,空间计量方法也为测度知识资本溢出对产业集聚、区域创新与增长、区域能源消耗与碳排放、区域全要素生产率的影响提供了可行的方法,但现有知识资本溢出效应的研究还处在不断改善的阶段。特别是在产业集聚、区域创新与增长、区域能源消耗与碳排放、区域全要素生产率中如何衡量知识资本的影响,是否可以用知识生产商来衡量,以及用什么理论来解释知识资本的影响,这些都是我们需要研究的问题。

三、知识资本溢出类型

1. 空间溢出

在区域层面上,多数研究依据新地理经济学理论,使用空间计量经济学方法,寻求知识溢出对区域经济增长的影响[Keilbach(2000),Costa 和 Iezzi (2004)]。

知识资本投资、积累、集聚及其流动等促使产业空间集聚,产业空间集聚带来了更多的知识资本,从而提升产业中产品、人力和机械设备所蕴含的知识水平,推动了产业结构的优化,同时也提高了产业的投资回报,进而促进创新产出与经济的增长。知识资本集聚与产业集聚的互相促进效应会溢出到邻近区域,从而带动邻近区域知识资本的积累,进一步推动创新产出与经济增长。而知识资本中的创新资本,正是研究的重点,Ancteetsoh 和 Feldman(1996)研究发现创新活动的空间集聚,能促进创新产出的增长。但这种作用受到地理距离的影响,即创新活动的溢出对区域创新的影响具有空间距离衰减特征[Maurseth 和 VersPagen(2002),Rosenthal 和 Strange(2004、2005)]。在实证方面,Fischer 和 Varga(2003)、Bode(2004)、Lim(2003)和 Peri(2005)等使用空间计量方法和模型,证实了知识溢出空间效应,这种溢出呈现出明显的距离衰减趋势。

国内关于知识资本空间溢出的研究起步较晚,首先研究了 R&D 知识溢出。关于这部分研究的文献比较多,如苏方林(2007)用专利衡量研发产出,测算 R&D 知识溢出。吴玉鸣(2007)证实了知识溢出存在空间局域性,地理距离是影响知识溢出的重要因素。龙志和和张馨之(2007)发现知识溢出对区域创新的影响在省级空间尺度上不显著,但在地市级空间尺度上非常显著,整体上看,区域溢出随距离衰减,在较小的空间尺度上表现得更加明显。其次研究了知识资本的空间溢出,这部分文献较少。冷建飞和李如月(2016)、汪辉平等(2016)使用空间计量模型发现知识资本对中国工业全要素生产率的影响存在显著空间溢出效应,但冷建飞和李如月(2016)使用的是 R&D 资本存量,汪辉平等(2016)使用的是人均专利衡量的知识资本存量,存在着知识资本衡量不足的问题。

2. 行业溢出

Forni 和 Paba(2002)通过实证分析产业间的知识溢出效应,发现知识溢出与投入产出紧密相关,通常在上下游产业部门之间发生,并且产业间知识溢出的动态联系促进了产业整体的发展。基于这一思想,研究者针对各国的具体数据分析了产业间的知识溢出对产业经济增长的影响。沿着这个思路,Deidda 等(2002)、Camels 等(2003)、Stel 等(2004)、Blien 等(2006)采用宏观面板数据,从实证方面验证了产业间的知识溢出的存在,及其对产业增长和产业生产率的促进作用。

在国内,朱平芳、项歌德和王永水(2016)从垂直溢出效应和水平溢出效应两个维度研究了本土工业行业间研发资本要素对研发产出的溢出效应,分别将专利申请数和新产品销售收入作为研发产出的代理变量进行检验。研究发现,无论是采用专利授权数或是新产品销售收入作为研发活动产出的代理变量,研发物质资本投入的水平溢出效应十分显著,而垂直溢出效应呈现前向溢出不显著、后向溢出显著的非对称特征。在同样的模型框架下探索了研发人力资本对研发活动产出溢出效应,同时还研究了运用新产品销售收入作为研发活动产出的代理变量,结果发现研发人力资本投入的水平溢出和垂直溢出效应均显著。余东华和张鑫宇(2018)使用 2003—2015 年中国制造业分行业数据,使用研发资本存量度量知识资本投入,发现知识资本投入有助于制造业创新产出,但对制造业上下游产业间创新溢出效应未得到充分发挥。

四、知识资本溢出与经济增长效应

1. 区域知识资本与经济增长的关系

通过文献研究发现了区域知识资本对区域经济增长的积极作用,国外众多文献研究了不同地区或国家,知识资本与经济增长、经济绩效等关系,具体见表2-8。

表 2-8　知识资本与经济增长的关系国外研究现状

作者(年份)	研究目标	国家或组织	观点
Bontis(2004)	知识资本与经济绩效	阿拉伯国家	正相关
A. Pulic(2005)	知识资本与经济绩效	克罗地亚	正相关
Kim 等(2006)	知识资本与经济增长	韩国	强正相关
Bismuth 等(2008)	研发、教育与经济增长	经合组织	正相关
Phusavat 等(2012)	知识资本与经济绩效	泰国	正相关
Yeh-Yun 等(2013)	知识资本与经济绩效	48 个发达国家	正相关
Ahmed 等(2013)	知识资本与经济绩效	发展中国家	正相关

　　而在国内,不少学者也研究了知识资本对区域经济发展、经济增长等方面的影响。如刘晓宁(2005)讨论了知识资本对区域经济发展的影响;王孝斌、陈武和王学军(2009)、陈武和王学军(2010)、蒲祖生(2010)、蒲惠荧和陈和(2010)、易莹莹和何卫红(2012)等发现知识资本对区域经济发展有直接当期促进作用。但刘思嘉和赵金楼(2009)发现区域知识资本对经济发展存在滞后作用,滞后期一般为1年,但持续3年。唐新贵等(2012)则发现知识资本增长对区域发展的边际效应是先递减后递增;夏同水和张延华(2011)、刘浩和张运华(2013)的研究表明,尽管知识资本对经济增长的促进作用越来越大,但是我国经济发展的主要推动力量还是靠物质资本投入。此外,闫婷婷(2010)设计了知识资本对区域可持续发展支撑能力的测度模型,并对山东省17个地市进行了测评分级。侯翠玲和李洋(2012)分析了区域知识资本与区域经济发展的协同度,发现我国知识资本与区域经济发展的协同度还很低,并且各省市及其内部协同度不均衡。张静等(2020)研究表明我国省际知识资本空间分布集中在环渤海、长三角和珠三角三大区域,知识资本溢出是经济增长收敛的重要机制。

　　2. 研发资本与生产率

　　Corrado等(2009)的知识资本增长核算结果表明,1995—2000年期间知识资本投资对劳动生产率的影响大于1973—1995年期间。将知识资本纳入重新计算之后,1995—2000年TFP的增长对劳动生产率的贡献从51%下降到35%。在1995—2003年期间,非研发性质的知识资本对劳动生产率在总知识资本贡献中的比例已经接近60%,非研发性质知识资本越来越重要。Van Ark等(2009)在知识资本对生产率影响的跨国研究中发现,知识资本可以解释美国劳动生产率增长的25%,大于欧盟的大多数国家。

　　另外,一些学者从行业层面测度了知识资本对生产率的影响。Dirk Crass等(2014)从行业层面说明,1995—2006年德国的知识资本投资增加了30%,近一半都投资到制造业;知识资本对劳动生产率的贡献从0.17%(建筑业)到0.59%(制造业)。Hyunbae Chun等(2015)指出日本制造业的知识资本与增加值比值比韩国高,但1995年后,知识资本对经济增长的贡献显著降低。

　　在国内,许箫迪、王子龙、谭清美(2007)也得到了研发投入与劳动生产率正相关的结果。孙凤娥、江永宏(2017)的实证研究表明,R&D资本投入有效促进了经济增长,其对经济增长贡献达21.95%。杨利雄、张春丽(2017)指出在2002—2013年间,基于时变模型的估算得到我国研发投入的平均回报率为11.8%,而基于恒定参数模型的估计结果为17.1%。

五、知识资本溢出与创新能力效应

1. 区域知识资本与区域创新能力之间关系的理论分析

王学军、陈武(2010)提出了一个理论分析框架,陈武、常燕(2011)在这个框架下分析了知识资本对区域创新能力的影响机理,同时根据协同理论提出了基于知识资本的三维协同区域创新模式[陈武、何庆丰、王学军(2011)],还提出了区域创新能力培育的知识资本框架[陈武、王学军(2010)]。

2. 区域知识资本与区域创新能力之间关系的实证分析

陈武、何庆丰、王学军(2011)构建了知识资本对区域创新能力的影响机理理论模型,并以全国 268 个地级市为研究样本进行了验证性实证分析。此外,路军、孙冰(2013)也发现区域知识资本对区域创新能力具有正向影响关系。吴洁等(2009)基于 IC-DVAL 模型运用 2006 年数据对全国各个省市的创新能力进行比较分析;王萍(2009)则探讨了基于区域技术创新的知识资本累积模式选择问题;王哲(2009)讨论了知识资本扩张与区域知识创新网络构建问题。

第五节　评　　述

(1) 现有研究用研发资本存量代替知识资本测度问题。知识资本测度不仅有研发资本,还有信息技术、设计资本与组织资本等多维度,使用研发资本存量衡量知识资本,将导致低估区域知识资本存量,以及知识资本在经济增长中的贡献。

(2) 虽然从内涵上看,测度知识溢出效应意味着衡量所有形式的知识性产出的溢出效应,但在现实中,这类文献主要关注于研发产出。不过,新的研究发现,其他知识资本如设计、品牌价值、组织资本和培训也存在溢出效应,所以如何测度这些非研发性知识资本的溢出效应,可能会成为未来研究的一个方向。

(3) 从创新能力、经济增长与环境等多维度来衡量溢出效应,大部分都是以单维度独立衡量知识资本的溢出效应,还没有把知识资本溢出的多维度纳入统一框架。

(4) 大部分文献主要从西方经济学的角度展开研究,没有考虑我国的制度背景,因此研究我国制度背景下的知识资本溢出效应更有意义。

第三章　知识资本溢出效应理论分析

第一节　相关概念界定

一、什么是知识资本

1. 基于马克思价值理论知识资本内涵

在知识经济时代,知识同样具备使用价值和价值,具备商品应有的属性。马克思认为"生产商品,不仅要生产使用价值,而且要生产价值,不仅要生产价值,而且要生产剩余价值",知识资本是蕴藏于知识之中,以知识形态存在和运行,在商品货币的关系中以商品价值形式追求增值的价值。从这种意义上看,那些能够体现劳动者技能的普通知识本身并不能转变成为资本,只有被用来实现增值目的时,知识商品才能成为知识资本。结合马克思从价值角度对资本的分析理解,可以将知识资本定义为,作为一种由智力劳动者创造的全新生产要素,在商品生产和流通过程中可以获得更高剩余价值的价值。知识资本的形成过程中,知识需要人不断地对其本身进行系统化操作,从知识资源的获取、整合、重构,进而产生新知识,完成知识的积累和循环。然后,将其作为商品投入生产流通过程,实现生产、交换、分配和使用等,从而实现其价值增值,最终成为知识资本。

2. 基于经济学的知识资本内涵

该观点侧重于技术和创新资本,即更强调知识资本是以 R&D 为主导的无形资本来替代,强调人类有意识的 R&D 活动是促进新知识和新技术产生的重要来源[Griliches(1979),Jaffe(1986,1989),Anselin(1997,2000),Romer(1986),Lucas(1988),Barco(1990),Krugman(1988),Grossman 和 Helpman(1991),Aghion 和 Howitt(1992),Coe 和 Helpman(1995)],并以知识生产函数

来反映知识资本的投入产出效应。知识资本是在知识环境因素下作为投入要素重新参与到知识创新与利用中,满足社会与个人知识需求的知识资产。

3. 基于管理学的知识资本内涵

这个观点主要集中于企业知识资本范畴。Stewart(1994)认为知识资本具体表现为专利、技能、员工知识与经验、品牌等无形资产。从管理学角度理解知识资本内涵更有可实现性,因为知识资本蕴含于组织知识中,是微观层面企业实现价值增值的核心要素。

二、区域知识资本的内涵

区域知识资本是个人、组织和区域等行为主体所拥有的全部资源,这些资源具有三个性质,一是这些资源能够符合某一国家或地区社会经济发展的战略需要,是区域发展的必备要素;二是这些资源能够在区域网络范围内流动并且进行广泛的发展扩张;三是这些资源能够不断优化区域经济效率,不断创造价值。

1. 区域知识资本存量

区域知识资本的本质在于其是区域范围内的一种特殊的无形资产异质性资源,区域内知识资本总量的大小和质量的高低决定了这个区域竞争力的强弱,其拥有的知识资本的数量和知识的质量与其市场竞争力直接相关。知识资本是多类知识的集合体,这些知识能够转化为经济发展动力,但这些知识元素基本形态是无形的,只能依附于一定的载体。知识资本的依附主体是人,表现为人力资本,突出其无形的特征;如果依附于企业或者一个区域,不仅具有无形的特征,还具有一定的表现形式,如专利、商标、专著、艺术作品、新发明等,以及企业管理规章制度、适宜的组织结构、区域政府因地制宜制定的政策和规定等,同时还可表现为知识产权、部分无形资产和商标的所有权。此时,这些知识资本外在表现形式的数量和质量可以用来定性和定量描述一个区域知识资本的高低。

2. 区域知识资本增值

区域知识资本的增值性来源于知识资本的竞争性和迅速膨胀性,因此它具有其他任何非知识资本无法比拟的优势,具有很强的独立性,不需要进行资本的原始积累,就可以迅速成长和膨胀。伴随着社会经济的发展,新的知识会不断产生,知识可以交流、学习,正是这种交流使得多重知识可以进行融合,从而创造出新知识,因而知识资本拥有者多具有进行交流和共享的动力。区域知识资本中的人力资本、技术创新等不具有排他性,经济和社会的发展促使劳动力不断复杂化,工人的生产技能不断提高,人力资本得以不断增加,生产技术也得以不断提升,社会财富也随之而来。财富的积累再次使得人力资源的生产处于更有利的地位,人力资源的增加为进一步生产社会财富做好了准备。此时,经济发展的动态循环表明区域知识资本投资通过区域人力资源和技术创新产生的溢出效应,促进全要素生产率的增长,从而促进区域经济增长。

3. 区域知识资本转化

知识资源的开发和利用已经成为区域经济的发展核心问题,知识资源和经济的发展有着密切的联系,对区域经济的发展起着主导作用。区域知识资本的合理配置不仅是经济发展的强大动力,也是区域经济发展的决定性因素。但是知识资本的价值转化具有明显的不确定性,一般来说,转化以前知识资本的价值处于潜在的态势,其转化程度如何,取决于知识资本拥有者的利用和运作能力。知识资本的价值实现由隐性到显露的过程中有太多的不确定因素,无法用统一标准和准则来确定,因而具有不确定性。随着社会经济的不断发展,信息社会的出现,区域经济转型发展的需要,区域知识资本作为一个新的发展领域已成为国家和地区经济发展的重要组成部分,知识资本的扩张速度决定了知识经济的发展速度。知识资本是一个整合系统,它由不同的部分有机、协调地组成,而且各个部分之间相互制约、影响,缺一个大多会影响系统整体效率的发挥;如果某一部分成了系统中的资源或能力的瓶颈,将会影响整体价值实现程度的高低。

借鉴企业知识资本中不同学者从不同侧重点、角度对内涵的分析以及现有的研究成果,本研究认为区域知识资本就是一种归属于该区域的一些资源和能力,它以动态形式存在并且具备价值创造的功能,其表现形式具有多元性。如本区域内人力资本、知识产权、专利发明、技术创新能力等,与企业知识资本中的商誉等类似,本区域相对于其他区域的资金吸引能力、人才吸引能力,支撑和促进物流、信息流以及知识流的区域内外传递能力等均属于区域知识资本范畴。同样,如果一个企业中的各项管理规章制度是企业中的知识资本,那么对于一个区域来说,区域内根据本区域的经济、社会、文化特点而制定的各种政策、法规同样为本区域内的经济运行做出了必不可少的贡献,而这样的法规、政策是在总结了实际情况,甚至是在吸取很大的教训的基础上建立的,是知识、经验的一种提炼,符合知识资本的定义和内涵,同样也是宏观层次的知识资本。

第二节　理论基础

一、内生增长理论

内生经济增长理论是在新古典经济增长理论基础之上，发现了知识溢出效应对经济增长的重大影响，从研究经济增长的动力出发，揭示经济增长率差异的原因和解释经济持续增长的可能。如 Romer(1990)，Aghion 和 Howitt(1992)，Grossman 和 Helpman(1991)等人将 R&D 活动引入经济增长的源泉和动力分析中。

该理论的本质在于认为 R&D 活动具有溢出效应。Romer(1990)认为 R&D 活动本身具有外部性和非竞争性，这就使得一个生产单位的 R&D 活动成果存在被其他生产单位以近乎零成本获得的可能，并应用于自身的生产活动中。同时 R&D 活动的外部性使得知识生产中的 R&D 活动资本，不像传统产品在生产过程那样具有边际报酬递减的特性，而是呈现出递增的特点，这就保证了经济增长的持续性。而基于 R&D 活动外部性的经济增长也就具有内生性的特点。

1. 知识的非对立性和排他程度

保尔·罗默经过研究后发现，各种不同类型的知识都具有一个共同的基本属性：知识是非对立性商品(nonrival)，没有打上某人或某阶级或某集团或某国家的烙印。不能说因为某一知识是某人或某集团或某国家使用的知识，其他人或其他集团或其他国家就不能去使用它。也就是说，一种知识一旦被某人公开应用于某种用途以后，就很难阻止其他人也去利用它。比如，不能因为原子弹是资本主义国家发明的核武器，社会主义国家就不能制造和使用它。原子弹本身没有打上资本主义的烙印，不具有对立性，不能说原子弹是资本主义性质的还是社会主义性质的。知识的这种属性，明显不同于通常的商品。通常的商品一般都具有对立性(rival)，即通常的商品一般属于私有商品，而私有商品一旦为某人占有，就打上了私人的烙印，从而完全阻止了其他人对该商品的使用和占有。

与对立性紧密联系的概念是排他性。一种商品具有排他性(excludability)，是指该种商品一旦被某人占有或使用，就排除了其他人对该商品的自由使用。比如，当你从服装店买回一身服装后，其他人就不能使用你买回的这身服装,这就是服装的排他性。对立性是从商品的本质属性来看的,而排他性包含的意义则更广一些,尤其是包含了一些人为的规定,还可能涉及社会经济制度。比如专利法,一种商品从其本质属性上看可能不具有对立性,其他人可以使用,但若其受到专利法的保护,就具有了排他性。凡是对立的商品都是排他的,但排他的商品本质上未必是对立的。

知识的非对立属性,决定了知识生产和知识资源配置不能完全依靠市场。在完全竞争的市场上,知识的租金为零,知识提供者的收益也就为零。这种情况下,知识生产者还有什么利润动机去创造新知识呢?由此得出的结论是,要么把知识以高于其边际成本的价格出售,要么推动知识发展的动力就不是市场力量。所以,在研究知识创新和知识积累的时候,背离完全竞争是必要的,不能完全依靠市场力量来决定知识的生产和配置。

罗默指出,尽管知识具有非对立性,但是从排他性意义上看,各种不同知识的排他程度却是不同的。通常的商品(即私人商品)都是排他的,但一种知识是否排他,则不但与该知识本身的属性有关,而且与社会经济制度有关。这里所说的社会经济制度,主要指产权制度或产权保护法。比如,专利法就是保护知识产权的法律,它保护了知识创造者或发明者使用知识与发明的权利,排除了其他人对该知识或发明的使用。所以,受专利法保护的知识具有排他性。

法律制度影响知识排他性的典型事例就是版权问题。比如,在版权法的约束下,作者精心安排出版的著作,其他人就不得抄袭和模仿。显然,著作的排他性强弱与版权法的强弱有着密切的关系。在强硬的版权法下,著作权就能完全得到保护,著作的排他性达到最强。然而,如果版权法较弱或者执法不力或者有法不依,那么著作的排他性就很弱,作者的权利就不能得到完全保护,作者经过千辛万苦而得到的发现,以及作者在著作内容的设计和安排上所做出的创新,就会被他人掠夺或抄袭。

有些知识的排他性程度则与该种知识本身的特点有关,而与社会经济和法律制度的关系并不很大。比如,一条数学定理的发现,不能阻止其他人对该定理的引用和使用。数学知识不具有排他性,而且数学家们总是希望他们发现的定理能够引起广泛的注意,能够被更多的人引用。社会科学更是这样,社会科学知识希望能够得到普及,能够为大多数人接受和使用,为社会带来更多的好处。又如,可口可乐饮料的配方是如此复杂,以至于其他人很难去模仿或使用,使得这一配方长期以来一直是一个秘密。所以,这种配方知识本身就具有排他性,而无须专利法的保护。

知识排他性的程度,是知识的增长和积累过程是否偏离完全竞争模式的重要影响因素。如果某种知识是完全不排他的,那么在这种知识的创造过程中,创造者就没有私人利益可言,这种领域中的研究开发就必须来自非经济利益的其他力量的推动。相反,当一种知识具有排他性时,知识生产者就具有了限制其他人使用该知识的权利,从而可以通过一个正的价格把该知识的使用权利销售给其他人,从中获得研究开发的利益报酬。

2. 研究开发与创新的经济利益激励

从已有产品的改进到新产品开发,其中有许多创新活动都是在个人利益驱动下完成的,并没有得到多少外部支持。这种纯属个人的研究开发活动及其对经济增长的意义,已经成为当前研究的重要课题,出现了不少模型描述。比如,经济学家 P. M. Romer1990 年的论文《内生技术变化(*Endogenous Technological Change*)》、G. M. Grossman 和 E. Helpman1991 年的《创新与全球经济增长(*Innovation and Growth in the Global Economy*)》一书,以及 P. Aghion 和 P. Howitt1992 年的论文《创造性毁灭的增长模型(*A Model of Growth Through Creative Destruction*)》,都是这方面研究的典型。

正如前面所述,受经济利益驱动的研究开发所创造的知识,必然具有排他性,至少具有一定程度的排他性,因而开发者对自己的新发现或新发明必然具有一定的市场垄断力。这样,开发者对新发现和新发明的使用就具有一定的控制权,排除了其他人的随便使用,可以以销售使用许可权的方式把新发现或新发明售给最终产品的生产者。开发者索要的这种使用费的高低,取决于新发现或新发明对于生产的有用性程度大小,也取决于其他人为了追求高利益而要投入多少资源和力量来学习这种新知识。

资源向研究开发部门的配置,实际上就是生产要素在生产部门和研究开发部门之间的转移和流动。如果生产要素在生产部门取得的收益率比在研究开发部门大,那么生产要素就要流向生产部门;相反,如果生产要素在研究开发部门取得的收益率比生产部门大,那么生产要素就要流向研究开发部门。生产要素在产品生产部门和研究开发部门之间流动的结果,是生产要素投入这两个部门所获得的收益率不同造成的,资源正是按照这样的原则在生产部门和研究开发部门之间进行配置的。

罗默模型、格罗斯曼-海尔普曼模型及阿格海恩-赫威特模型所描述的经济是不完全竞争的,因而经济所实现的均衡一般也就达不到最优境界。特别是在这种分散决策机制下,由均衡决定的资源配置可能导致资源在研究开发部门和产品生产部门之间的无效配置。由此,人们发现了研究开发的 3 种重要的外部效应:消费者剩余效应、商窃效应和研究开发效应(也称 R&D 效应)。

消费者剩余效应(consumer-surplus effect)是指从新知识发现者那里得到知识使用授权的个人或企业,作为新知识的消费者将能获得一定的消费者剩余。之所以这样,是因为知识创新者无法对知识的消费者实行完全价格歧视(一级价格歧视),因而知识使用者必然能够获得数量为正的消费者剩余。这一正的消费者剩余正是研究开发的一种正的外部效应。

商窃效应(business-stealing effect)是指高新技术的引进使得现有技术显得逊色而失去了它的吸引力,从而对现有技术的拥有者造成不利影响。这就好像现有技术的秘密泄露而使该技术失去吸引力一样,商窃效应一词正是来自这种含义。显然,商窃效应是研究开发的负外部效应,表明它对社会也有着不良影响。

研究开发效应(R&D effect)是指知识创新者不能控制他们创造的知识被其他研究开发者用于其他新知识的研究开发之中,从而带来更新的知识出现。研究开发效应是研究开发的又一种正的外部效应。知识的收益除了从产品生产中得到的收益外,还应包括用于创造更新的知识而得到的收益,这部分收益就是知识的研究开发效应。社会法律体系也鼓励充分发挥知识的研究开发效应,也就是说,当一种新知识受到专利保护以后,这种知识就应该被其他创新者能够得以正常使用,专利法正是为了保护知识的正常使用而设立的。

研究开发的外部净效应(net effect of externalities)是以上 3 种外部效应的总和,然而外部净效应是正是负却无法定论。如果外部净效应为负,那么商窃效应就大于消费者剩余效应与研究开发效应之和。这种情况下,就存在着经济利益激励促使企业投资于研究开发,去争夺其他创新者的利益,因为这时通过研究开发的确能够击败竞争对手,能够夺得其他研究开发者的市场。存在的这种经济利益激励,将会使资源大量投入于研究开发部门。其结果是,经济的均衡增长率将会很高,但经济的运行(经济实现的均衡)却是缺乏效率的。

一般来说,人们相信研究开发的外部净效应为正。P. M. Romer 1990 年的论文《内生技术变化》提出的模型就是一个具有正的外部净效应的研究开发模型,其中研究开发的消费者剩余效应与商窃效应正好相互抵消,留下了数值为正的研究开发效应。这种情况下,经济的均衡增长率低,经济运行缺乏效率,但对于研究开发的资助却能提高社会福利,从而提高经济运行效率。

以上我们讨论了研究开发的 3 种外部效应以及这些效应对研究开发投资

的影响。实际上,研究开发除了具有这 3 种效应外,还可能存在其他方面的外部效应。比如,在创新者对他们的知识在产品生产中的应用只具有部分控制力,而不具有完全控制力的情况下,则有理由认为研究开发的个人收益低于其社会收益。一项发明的第一个发明者对该项发明具有排他权,这一事实表明对于一些类型的研究开发来说,研究开发的激励是不断产生的。例如,超前于竞争对手去完成一项发明所产生的个人收益将超过该项发明的社会收益。企业对研究开发的投资,是研究开发的个人经济利益所驱动的,即只有当研究开发的个人利益大于其社会利益时,也即只有当研究开发的外部总效应为负时,企业才会把生产资源配置到研究部门中去。

二、人力资本理论

人力资本(human capital)是劳动者投入企业中的能力、知识、技术、创新概念和管理方法的一种资源总称。卢卡斯模型在肯定索洛模型中人力资本对经济增长促进作用的基础上,将人力资本效应做进一步全面阐述,卢卡斯同样认为,技术进步是借由人的素质和能力不断提升来推动的,经济增长的核心推动力本质上是人力资本增加作用的结果。人力资本包含内部效应和外部效应两部分,内部效应主要体现为人力资本拥有者自身所具备的,自身能力素质的不断提高,促使劳动生产率的提升,进而导致人力资本的不断增加;外部效应主要体现为人力资本拥有者自身能力增加使得周围其他拥有者获益,这所带动的人力资本同步提升促使人力资本的增加,即人力资本的溢出效应。这一外部效应的概念是由卢卡斯首先提出的,他认为,人力资本的外部效应是普遍存在的,不同地区、不同城市劳动生产率存在明显差异。例如,城市工人的劳动生产率高于农村工人,这是因为城市工人在工作环境给予的社会交往中无偿地获得更多的有用信息。人力资本外部效应的存在导致经济的总量生产函数扭转规模收益递减而呈现出规模收益递增的趋势,经济增长的过程亦可体现为资本深化的过程。

除了假定存在全经济范围的人力资本外部性之外,卢卡斯假定经济存在两个部门:消费品及物质资本生产部门与人力资本生产部门。人力资本的生产技术被假定为与投入该部门的人力资本规模呈线性关系,消费品及物质资本生产部门则在人力资本外部性作用下显示收益递增现象。在卢卡斯模型中,人力资本生产部门是一个关键部门,由于该部门采用的是线性生产技术,即使不存在人力资本的溢出,经济也会无限增长。但卢卡斯进一步假定人力资本溢出,使得资本得到不断的积累和深化,经济增长实现了规模递增,这种人力资本增加的递增收益是经济能长期均衡稳定增长的保证和主要源泉。

三、区域创新理论

1. 熊彼特创新理论

熊彼特站在全新的角度开创创新经济学理论体系,其"创造性毁灭"、"企业家精神"至今都有着强大的生命力。

熊彼特认为创新的概念和内涵包含以下 5 种情况:① 引进新产品,即采用目前消费者还不认知的新产品或已有产品新的某种特性;② 采用新的生产方式,可以是科学的新发现,也可以完全是商业处理的新方式;③ 开辟新的商品市场,可以是不曾进入的市场或是之前完全不存在的市场;④ 控制原材料供应的新来源;⑤ 实现新的企业组织形式。熊彼特在这里将创新与科技发明进行区分,将创新定义为一种经济概念,是"生产者发动经济的变化",而科技发明是技术概念,是知识生产活动,如未能投入实际应用,则不存在经济作用。

熊彼特突出"企业家精神"在创新过程中的核心地位。熊彼特认为实现新组合是创新的主体,进而成为经济发展的主体,而实现新组合的就是企业家,资本主义就是在企业家精神的推动下实现创新和发展的。

2. 国家创新系统理论

一是弗里曼国家创新系统理论。弗里曼在《技术和经济运行:来自日本的经验》中将国家创新系统定义为由公共和私人部门机构组织的网络,它们的活动和相互作用促成、引进、改变和扩散了各种新技术。其认为企业研究、开发、教育与培训、产业结构、政府干涉是其核心要素,并形成概念模型。弗里曼的国家创新体系则强调特质资源和因素的独特影响,将研究重点放在系统将资源配置到创新与新活动的投资上。

二是纳尔逊国家创新系统理论。纳尔逊在对不同国家进行比较分析后,认为不同国家的创新体系结构各不相同,与其相对应的是,创新主体的作用、国家资助企业的程度和性质各不相同。其将国家创新系统定义为其相互作用决定着一国企业创新实绩的一整套制度,以盈利为目的的企业是整体系统的核心,他们之间竞争与合作关系并存。纳尔逊对国家创新系统理论最重要的贡献在于突出高等院校、企业与政府政策之间的相互作用,将国家创新体系与高技术产业的发展紧密联系起来。

三是伦德瓦尔国家创新系统理论。伦德瓦尔的研究区别于前人之处在于其从微观基础出发,探讨企业和用户之间的相互作用以及这种作用如何影响一个国家的发展实绩,深受法国结构主义学派对国家生产体系的研究影响。伦德瓦尔认为,国家创新系统包含大学及研究机构、企业、政府、教育部门等,学习模式是彼此联系并相互作用的关键核心。国家对创新体系之所以重视,就是因为地理和文化的差异阻碍了这种相互作用关系,而国家为这种相互作用提供了框架支撑。

第三节　知识资本溢出效应

溢出的本意是充满某个容器并向外流出。在经济学中,特指经济活动的溢出,马歇尔在《经济学原理》中指出,溢出与经济活动的外部性等同。经济活动的溢出效应被定义为用于描述一个主体的经济行为对其他主体福利的影响,而对这种影响既不付报酬又得不到补偿。如果这种影响带来利益则称为积极溢出,如果带来损失则称为消极溢出。知识资本作为一种知识生产、转化的经济活动,必然也存在着知识资本的溢出。

一、知识资本的形成过程

知识资本的形成具有 4 个阶段:知识的生产、知识产品的形成、知识产品向知识资本转化、知识资本的归属及收益。

1. 知识的生产

知识的产生也是一种生产活动,但是无形的生产活动,是对信息进行接收、加工、整理、综合后转化而来的。知识作为一种相对独立的经济资源,物化于生产工具等有形物体之中,或蕴含在劳动者、管理者的思想之中。生产的知识具有扩散性、延续性和累积性。以人和组织为载体、信息、知识状态存在的知识资源,由于其在生产过程中的价值增值和无限制的复制、传播和使用,在成为经济发展中核心资源的同时,为知识向资本转化提供了必要的社会条件。

2. 知识产品的形成

从知识到知识产品,需要一定的技术条件。知识作为要素在全社会得到广泛的使用和流动配置,这是知识经济最为基础的经济形态。因此,知识产品作为一种可交易的商品,其形成需要高度发展的技术水平,尤其是数据处理、信息技术等方面的发展。只有具备了这样的条件,知识要素的配置才会突破时间、空间的限制,提高快速、有效配置的能力,从而实现知识的无限复制和使用,提高利用率。

3. 知识产品向知识资本转化

知识资本形成的第三个阶段,就是知识产品向知识资本转化的过程,即赋予知识产品商品属性。知识市场及其配置机制得到了很好的完善,市场交易主体完全不同,知识产品的交易也形成了公正、有效和有序的良好状态,市场在知识产品的生产、传递中的作用,如同工业经济时代中市场对商品的流通作用一样,发挥着基础性的调节作用;知识得到了合理、有效的流动与配置,为其价值增值创造了良好的市场条件。

4. 知识资本的归属及收益

知识资本形成的最后阶段是知识资本的归属及收益,知识资本形成的最终结果是所有者能够从中得到收益,如何保证这部分收益,涉及知识资本投入的激励程度大小,它需要相关的法律制度给予保障。知识资本想要获得企业剩余索取权,跟物资资本一样分享剩余,就必须进行产权制度的确定,对知识资本产权进行法律制度上的支撑。建立相关知识资本产权制度,可以进一步鼓励个人、组织对知识资本的投资力度,进一步加强社会知识创新,提升技术创新能力,而且对于完善相关知识产权制度作用非常巨大。

二、知识资本溢出效应内涵

知识资本作为生产投入,只要知识资本带来的利益大于其成本,厂商就会继续进行知识资本投入。但是知识资本的投资者在获得收益的同时,也提高了其他厂商的生产率,这正是由于知识资本的非竞争性决定的。知识资本的非竞争性是同时取决于知识资本的性质和决定知识资本产权的经济制度,即知识资本的外部性是局部的。

知识资本的"溢出效应"可以从两个层次上理解。第一个层次是指一个企业可以不通过市场交易付费获得其他企业通过 R&D 或制造出来的新创意、新技术。第二个层次是在现行的法律体系下,如果其他企业非法使用某个企业所开发或拥有的信息,则该企业无法有效地实施追索权。知识资本溢出效应可以提高所有生产要素的生产效率,从而使产出呈现边际收益递增特点,进而使知识资本成为经济长期稳定增长的动力来源。

三、知识资本溢出与技术创新溢出比较

知识资本溢出和技术创新溢出两者关系很难明确。知识资本不仅包括创新资本,也包括非创新活动产生的资本。但知识资本溢出更多从创新投入或创新产出分析,而技术创新溢出则从 FDI、贸易、产业集群等角度探讨技术的传播和创新。一方面技术的传播和创新是以知识为载体的,另一方面,知识资本溢出常常使用技术创新溢出来代替。

因此,要厘清知识资本溢出和技术创新溢出之间的关系,必须从知识资本的构成要素入手,通过不同类型的知识资本说明两者之间的差异。现有文献多数将创新活动的外部性作为知识资本的溢出,不过,新的研究发现,其他知识资本如设计、品牌价值、组织资本和培训也存在溢出效应。

四、知识资本溢出与人力资本溢出比较

1890 年马歇尔在提出学习会提高劳动生产率以来,人力资本的外部性一直是研究的热点问题。如 Lucas(1988)用人力资本的溢出解释收入差距的问题。

人力资本的溢出主要体现在其对生产率的溢出。人力资本形成于教育和"干中学",其中,教育是人力资本形成的内部机制,"干中学"是人力资本具有学习机制,影响其他工作者生产效率提高(Aghion 和 Howitt,1992)。在技术创新中人力资本具有知识吸收与溢出作用,即人力资本通过吸收其他主体的知识,来增强自身人力资本的积累,同时在人力资本积累的同时,自己形成的知识又影响其他主体知识的积累,即具有移除作用。人力资本是创造知识的主体,通过信息、知识的交流,实现人力资本的流动和交易等,以达到传播知识的目的,促进技术知识的扩散(Almeida 和 Kogut,1999;Moen,2005;Kerr,2008;Maliranta、Mohnen 和 Rouvinen,2010)。

知识资本溢出与人力资本溢出是隶属关系,其中知识资本溢出包括人力资本溢出,人力资本溢出是知识资本溢出的一种渠道。人力资本不仅可以单独作用于生产率,也可以与其他知识资本共同作用于生产率。

五、知识资本溢出与 FDI、OFDI 溢出比较

知识外部性特点使得各经济体都能分享到世界知识存量增长带来的收益,因此 FDI 产生的溢出效应不仅体现为东道国的资本扩张,更要关注由于 FDI 行为所带来的知识溢出和技术溢出效应。FDI 技术溢出效应为 FDI 引起当地技

术或生产力的进步。OFDI溢出被称为反向技术外溢效应或逆向技术外溢效应（王英、刘思峰，2008；叶红雨、杨清，2013），投资国有企业通过"绿地投资"、跨国并购、战略联盟等形式可以突破地理空间限制，融入东道国的技术集聚区和技术研发网络，实现东道国的先进技术、研发信息、智力要素等资源向投资国海外分支机构的扩散，并通过海外分支机构实现向投资国母公司的技术转移，促进投资国母公司的技术进步，进而提高投资国相关产业以及整体的技术水平和创新能力。

根据对FDI和OFDI溢出效应的分析，本书认为FDI和OFDI溢出效应可以作为溢出渠道来解释国际知识资本对国内的溢出效应。

第四节　知识资本行业溢出效应

行业的经济技术关系会在垂直和水平两个方面产生溢出行为。行业中的知识资本会通过上下游行业间的溢出渠道，前向、后向溢出到上游和下游行业，推动上游和下游行业的知识资本积累和流动。同时，知识资本也会反向溢出，实现双向知识资本积累与流动，最终推动整个产业知识资本积累和流动，促进产业结构的优化升级（Forni和Paba，2002；Stel等，2004；Deidda等，2002；Blien等，2006；雷欣、陈继勇，2012；朱平芳、项歌德和王永水，2016）。

目前，知识资本行业溢出主要用R&D溢出效应来度量（Mohnen，1997），包括水平方向上的R&D溢出效应与垂直方向上的R&D溢出效应（项歌德，2011；朱平芳、项歌德和王永水，2014、2016）。基于此，本书也认为知识资本行业溢出效应包括两个维度：垂直和水平；三种溢出效应：前向、后向和水平。

一、行业知识资本溢出效应

1. 行业知识资本垂直溢出效应

根据产业链的横向与纵向的分工协作理论，知识资本的积累与流动不仅仅作用于本行业，也会对其他行业产生影响。在纵向产业链上，前向和后向行业的知识资本投入会对本行业的产出产生影响，本行业的知识资本投入也会溢出到前向和后向行业，进而影响其产出。比如前向和后向行业的知识资本积累，会通过外部性与竞争性影响到本行业知识资本积累；前向和后向行业的知识资本流动，会通过合作、贸易活动影响到本行业知识资本积累、成效等。

直观地讲，行业知识资本溢出测度研究，可以用投入产出表反映的经济技术联系刻画行业间的知识资本溢出效应。根据投入产出表中"上下游"的垂直方向联系,知识资本会在上下游行业间流动,具体包括,前向溢出效应:上游行业的知识资本溢出效应;后向溢出效应:下游行业的知识资本溢出效应。

2. 行业间知识资本水平溢出效应

知识资本不仅会在纵向产业链上溢出,也会在行业间横向溢出。行业间知识资本水平溢出,主要通过示范效应、流动效应、竞争效应对其他行业产生影响。示范效应通过行业间企业在各个技术层面上的直接接触起作用,知识资本高的企业,在人力资本、关系资本、结构资本与创新资本等方面均存在较高的水平,其他企业就会开始模仿。比如跨国公司的知识资本带来的技术创新信息、新管理方式、创新营销模式等方面的隐性知识开始传播,模仿的程度也随之提高。再比如,行业信息的交流以及行业互联网平台的使用,使得创新型企业可以通过信息交流等方式,向其他企业传播知识,不断地引起其他企业模仿。在知识资本流动过程中,知识资本会通过交易、合作流动到其他行业,增强其他行业的生产率,产生正效应的知识资本溢出。在高回报的行业,会吸引其他行业的知识资本,降低其他行业的知识资本水平,产生负效应的知识资本溢出。在竞争效应中,高知识资本水平的行业,其技术水平更高,产品或服务的质量也更高,会加剧市场竞争,促使本行业不断提高效率;同时也会使其他行业加大知识资本的投入与积累,从而促进整个行业的发展。

二、行业知识资本溢出渠道

知识资本具有部分公共物品的性质,在研究知识资本溢出时不应该局限于本行业。根据知识资本溢出的这种特点,行业间的知识资本溢出来自两个渠道:直接溢出渠道和间接溢出渠道。直接溢出渠道是指经济技术上"相邻"行业的知识资本投入直接影响到本行业知识资本积累与流动,主要通过知识资本的合作、交易等途径发挥作用。间接溢出渠道是指其他行业的知识资本投入,通过知识资本溢出的社会网络(企业家的社会资本、企业家创业与产业集群网络)、知识资本竞争、知识资本积累等途径,间接影响到本行业知识资本产出。

1. 直接溢出渠道

(1)基于研发合作的知识资本溢出机制

大学研发机构和企业研发部门是知识资本溢出的重要主体。上下游行业间、横向行业间以及行业内部,研发活动的交流与合作为知识资本溢出创造了可能,研发物质资源流动、信息流动、资金流动更快,减少了自身的研发的投入,降低了知识资本积累和生产成本,从而产生协同效应。如尤建新、陈震等(2011)指出产业间企业的政府补助 R&D 溢出效应对企业创新产出具有正向的溢出作用,而产业间企业的 R&D 投入对企业创新产出的溢出作用并不显著。

(2)基于贸易、投资的知识资本溢出机制

一是产品与服务贸易是知识资本溢出的重要渠道。高新技术产品以及高水平的服务,其内部蕴含着丰富的知识资本,通过产品与服务贸易,给予了技术落后行业模仿的机会。落后行业通过投入、积累知识资本进行模仿创新,通过"干中学"提高自身的知识资本水平。二是跨行业投资也是知识资本溢出的重要渠道。在多元化投资过程中,先进技术行业对低技术水平行业产生示范作用,通过知识资本流动或转移,产生知识资本溢出。更为普遍的是,先进技术行业的企业会建立上下游企业,并与其他行业企业建立产业生态圈,通过关系网络,带来前向、后向知识资本溢出,以及横向水平知识资本溢出。低技术水平行业吸收知识资本溢出的效率高低取决于该行业本身知识资本存量和吸收能力,只有具备一定的吸收能力,才能将高技术水平行业的知识资本转化为可利用的生产要素。

2.间接溢出渠道

(1)人力资本积累

从长期来看,一个行业发展的挑战在于人力资本的积累。人力资本是知识、技术、资本等相互作用,凝结在劳动者身上的综合能力,包括劳动者的知识、技能、健康等。一方面人力资本积累是加快技术创新与扩散,推动产业结构转型升级的重要动力。另一方面,人力资本积累不仅促进劳动者本身生产效率的提高,也对物质资本等其他生产要素的高质量发展起促进作用。因此,人力资本积累可以通过本行业生产要素的质量提高,获得更多的回报,吸引其他行业流向回报率较高的行业,从而产生更高的集聚,人力资本积累到一定程度后向上下游行业及其他行业产生溢出效应。

(2)行业研发竞争

行业间的研发竞争效应也是知识资本溢出因素之一。在数字经济时代,数字经济越发展,行业竞争程度越高,各行业会加大对知识资本的投资,并推动知识资本在行业内的扩散,从而提升行业整体知识资本水平。另外,竞争性行业的知识资本内嵌到产品服务贸易及合作中,要求上下游行业也要提高自身的知识资本水平,达到协同效应,从而产生知识资本垂直溢出效应。

(3) 企业网络

企业所处的社会网络,及其社会资本能够把不同的个人、群体、产业和区域有效地连接起来,在社会网络与社会资本基础上形成具有历史延续性、建立在共同信任及理解基础上的联系,能够有效地交换信息,促进产业集群中知识资本的持续流动和扩散。研究发现社会关系网络促进知识资本外溢效应,不仅在空间分布上促进知识资本溢出,也在产业链上促进知识资本的溢出。一般来说,企业形成的网络生态链或生态圈,可以在不同群体、行业间发生互动和交流,可以促进知识资本向行业集中,从而发生知识资本溢出。

第五节　知识资本空间溢出效应

随着新经济地理学的不断发展,自 Jaffe(1989)把空间因素引入知识生产函数以后,区域与区域间的溢出逐渐成为研究的重心。知识资本空间溢出中的空间范围尺度主要涉及国家或地区间、城市之间、产业集群之间等几个尺度。

一、知识资本空间溢出效应内涵

空间溢出效应是指溢出方通过与接受方进行资本、货物以及人员的流动,使先进知识(技术)和生产力在当地溢出,是经济外部性的一种表现,主要借助于知识(技术)的扩散促进当地新兴产业的发展。在开放经济系统中,一国的技术进步不仅取决于国内知识资本投入产生的技术创新,而且发达国家或地区的知识资本投资行为也会通过各类传递渠道直接或间接地影响该国的技术进步。知识资本空间溢出效应主要表现在以下三个方面:知识资本投入的溢出效应、知识资本创造的新市场溢出效应与知识资本产出的溢出效应。空间溢出效应在宏观层面上表现为促进空间集聚、提高区域生产力等,中观层面上表现为推动产业创新、加快产业发展等;微观层面上表现为扩大企业或个人之间知识(技术)交流和转移,生产出更具市场竞争力的产品等。

二、知识资本空间溢出效应的传导机制与作用机理

在解释空间知识溢出发生机制时,地理邻近性成为重要的考量因素(Glueckler,2007;陈傲等,2011),但地理邻近性并非是空间知识溢出发生的必要或充分条件,近年来关于包含认知邻近、组织邻近、社会邻近和制度邻近等在

内的多维邻近性的作用日益受到重视(Eriksson,2011)。

1. 地理距离

大多数的研究者认为地理距离与空间溢出的关系表现为负相关,即溢出效应随地理距离的增加而衰减(Gomes-Casseres,2006;Eaton 等,1999;Jaffe 等,1993;王铮等,2003)。由于信息技术与交通技术的发展,降低了知识资本扩散和流动的成本,地理距离的负面影响在降低(Glaeser 和 Kohlhase,2004;Tompson 和 Fox-Kean,2005)。地理距离的影响一般设置区域相邻空间权重矩阵、铁路里程倒数权重矩阵、城市距离权重矩阵等。一般在相邻地区,区域间距离较近,知识资本的投入、产出的溢出效应较强。

2. 技术距离

技术距离是知识资本空间溢出存在的必要条件,一般而言,同一领域下的同技术水平,知识资本不会产生溢出(Kokko,1994);技术距离存在较大差距时,知识资本空间溢出效应更强(Narule 和 Marine,2003)。技术落后的区域可以通过模仿、学习,提高自己的知识资本水平,发挥后发优势,实现经济增长。

技术距离一般用研发水平差距度量,过大或过小都不利于知识资本空间溢出。

技术距离从溢出方和被溢出方两个方面影响着知识资本的溢出,如果技术距离太小,溢出方获得溢出收益较低而动力不足,被溢出方得不到足够的好处也不会主动吸收,因而会影响知识资本空间溢出的正效应。如果技术距离太大,吸收能力不足,会影响知识资本空间溢出的负效应。

3. 经济距离

经济距离与知识资本溢出呈显著负相关关系(许箫笛、王子龙和谭清美,2007),地区间经济发展水平差距越大,知识资本溢出的程度就越低。事实上,如果两个地区的经济发展程度比较接近,则二者更可能发生横向的技术合作,相互之间对知识资本溢出的吸收能力也比较强,因此,有助于推动两地之间知识资本溢出的扩展和深化。

4. 社会关系距离

社会关系距离会影响知识资本扩散的速度和广度。相对于强联系的社会关系,社会距离较远的弱联系在知识资本的溢出中的作用更强(Granovette,1973;Soreson 等,2006;Sternitzke 等,2007)。但 Hansen(1999)发现社会距离与空间溢出正相关,特别是对于包含关键信息和技术的隐性知识溢出。因此,社会关系距离对知识资本空间溢出的影响会因技术的复杂程度而产生不同的效应。社会关系距离中的文化差异,包括价值取向、思维方式、社会认知等方面的差异,决定着知识资本的分配能否有效,进而影响知识资本空间溢出水平和大小。Agrawal 等(2008)认为文化差异会造成吸收能力不足,造成文化隔阂,降低了溢出效率。

5. 产业距离

产业距离反映区域间的产业结构、技术水平等相近程度,以及产业间的联系。产业结构相近的区域,知识资本行为相近,合作更容易,因而有利于知识资本的空间溢出;区域间产业的前向和后向联系,也会通过产品的贸易过程,促进知识资本的溢出。

第六节　知识资本溢出的经济增长效应研究

空间的知识资本溢出对经济增长以及经济增长的空间结构产生影响,本节一是解释知识资本空间溢出对区域增长及其差距的作用机理,二是实证分析知识资本空间溢出对区域经济增长的影响。

一、知识资本溢出促进区域经济增长的作用机理

知识资本溢出对区域经济增长促进作用的研究沿着两条路径推进:一是在内生增长理论基础上将空间因素包括进来,强调知识资本溢出在技术进步中的作用,知识资本溢出通过促进技术进步,进而实现经济增长。二是基于新经济地理学分析框架,强调知识资本溢出在空间集聚中的作用,知识资本溢出通过促进空间集聚,由集聚而实现经济增长。

二、知识资本溢出、创新与区域经济增长

内生增长理论将创新看作"知识资本溢出促进创新,创新促进增长"过程中的一个中间环节,把区域经济增长的源泉归结为要素投入与知识资本积累,特定区域的增长受到其他区域(特别是相邻区域)的影响。以内生增长理论为基础,将产出增长率看作是知识资本存量的线性函数,知识资本积累依赖于创新投入、创新的溢出以及其他外生变量,知识资本溢出依赖于区域之间的地理距离、技术距离(学习能力)与产学研合作。

1. 知识资本溢出、地理距离与创新

大量的实证研究发现知识资本溢出具有区域性的特点,甚至表现出随距离增加而衰减的特性。两个区域地理距离越接近,知识资本溢出就越多,创新产出水平就越高,但在不同条件下,这种现象存在异质性。如信息技术,特别是以互联网为基础的数字技术,降低了地理距离的负向溢出;交通技术水平的提高,促进了人力资本和产品贸易的流动,也降低了地理距离的负向溢出;市场化水平的提高,完善了知识资本交易的市场制度,也降低了地理距离的负向溢出。

2. 知识资本溢出、技术距离(产业距离)与创新

空间地理距离不是影响知识资本溢出的唯一距离因素,那些地理距离即使不远的企业或区域,如果它们在技术和产业上没有一定共性或者差距太大,知识资本很难在它们之间形成跨区域溢出。因此,技术距离和产业距离构成的经济距离,是影响知识资本溢出的另一重要的距离因素。经济距离较近的区域或企业之间,不仅在知识资本及其结构等方面比较近似,而且还会面临相似的技术难题、产业发展和结构升级目标,这些共性促使它们在协作解决问题、实现目标或相互追赶超越的过程中彼此吸收和传播知识资本。因此,经济距离越小(或经济相似性越大),两个区域之间的知识资本溢出越多,创新产出就越大。

3. 知识资本溢出、产学研合作与创新

高等学校和公共研究机构是生产基础知识的部门,所生产的知识大多具有公共品性质,不具有排他性和竞争性,这无疑在知识资本溢出方面发挥着主导作用。区域间企业、高校和研究机构的合作,通过知识共享、知识转化,促进知识资本的积累和流动,提高了区域间知识资本溢出的效率,对区域创新起到积极作用。

三、知识资本溢出、集聚与区域经济增长

新经济地理学强调地理邻近的知识资本溢出在产业集聚形成过程中的重要作用,将集聚作为"知识资本溢出促进集聚,集聚促进增长"过程的一个中间变量。产业的空间集聚与经济增长被看作是一个互相影响的内生化过程,产业集聚与增长的关系强烈依赖于知识资本溢出的空间、高收益特征,吸引各种要素和产业形成集聚,进而促进区域经济的增长;区域的经济增长又进一步形成更高水平的知识资本,吸引更多的要素和产业形成集聚,并不断向其他区域扩散知识资本,共同提高区域间的整体知识资本水平。

1. 要素集聚

知识资本溢出促进经济要素的空间集聚,要素的空间集聚有利于提高经济主体之间交换思想和认识初始知识价值的可能性,进而会促进要素集聚的形成与发展。经济活动空间集聚能够有效促进知识资本溢出,而知识资本溢出又会反过来推动要素进行空间集聚,表现为累积循环因果关系。

2. 产业集聚

产业集群本质是一种创新网络,集群内部的企业通过各种正式或非正式的交流和联系,形成一种集体学习氛围,刺激企业内部创新。一方面,企业的创新保证了知识资本的形成、集聚、积累、流动和再分配,增加了企业适应外部环境的能力。另一方面,知识资本的扩散进一步提高了企业的生产效率,从而实现产业集聚的升级。因此,知识资本溢出对产业集聚存在正向促进作用,产业集聚也对知识资本溢出存在正向促进作用,具体表现为循环累积增加的因果关系。

第四章　我国区域知识资本测度研究

知识资本是"数字经济"发展的基础,是国家高质量发展的核心生产要素,发挥着越来越重要的作用。由于知识资本不同于具有实物形态的物质资本,其测度十分困难,特别是区域层面知识资本存量的测度。因此,本书对省际的知识资本存量进行测度,测度结果为我国区域高质量发展提供决策参考,为知识资本后续研究做出铺垫。

第一节　知识资本存量测度框架

一、CHS 框架

近年来,各国研究者围绕知识资本的测度开展了丰富的研究,取得了显著成绩。Corrado、Hulten 和 Sichcl(2009)提出的知识资本测度框架为后续研究提供了基础。他们将知识资本分为 3 大类:计算机信息资本、创新性资本和经济能力资本,见表 2-6。

根据 CHS 框架,分别测度细分分类指标下的资产投入,即每年投入这些资产中资源的货币价值,加总后得到总投资,进一步根据永续盘存法,测度知识资本存量。

二、测度方法

根据 Corrado 等(2006),余泳泽(2015),郑世林、杨梦俊(2020)等学者的做法,本书沿用永续盘存法进行估算,其基本公式为:

$$C_t = R_{t-1} + (1-\delta_t)C_{t-1} \tag{4-1}$$

其中,C_t 和 C_{t-1} 分别表示第 t 年和第 $t-1$ 年不同类型的知识资本存量;R_{t-1} 表示 $t-1$ 期的不同类型知识资本投入(不变价);δ_t 表示资本存量第 t 年的折旧率。估算知识资本存量需要对当期知识资本投入、基期知识资本存量、知识资本投入价格指数和折旧率进行确定。

第二节　我国区域知识资本存量测度指标体系

按照 CHS 框架,知识资本分为计算机信息资本、创新性资本和经济能力资本。在测度研究中,要结合我国国民核算体系账户、统计数据的分类和资料可获得性,以及测度结果的可比性,构建我国区域知识资本存量测度指标体系。

一、构建依据

1. 依据中国国民经济核算体系

按照 1993 年国民账户体系(The System of National Accounts,简称 SNA)的建议,《中国国民经济核算体系(2002)》将计算机软件支出、矿藏勘探与评估支出作为固定资本形成计入 GDP。按照 2008 年 SNA 的建议,《中国国民经济核算体系(2016)》对《中国国民经济核算体系(2002)》进行了系统修订,增加了知识产权产品概念,并将研究与开发和娱乐、文学及艺术品原件等纳入知识产权产品范围。从实践来看,研究与开发支出、矿藏勘探与评估支出、从市场上购买的计算机软件支出、娱乐和文学品原件支出已作为固定资本形成计入了GDP,并且对 1952 年以来的 GDP 历史数据进行了修订。其中,研究与开发支出利用国家统计局、教育部、科技部的研究与开发支出统计调查资料,参照国际标准给出的基本原则和发达国家的做法计算。矿藏勘探与评估支出利用自然资源部地质勘查投入资料计算,计算机软件支出利用工业和信息化部计算机软件产品销售收入资料计算,娱乐、文学品原件利用国家广播电视总局、国家电影局、国家新闻出版署的资料计算,但仍受限于基础统计资料的缺乏。目前数据库、艺术品原件、自制计算机软件尚未进行核算。

2. 指标具有可比性

可比性具有两层含义,一是指横向可比性,即各个区域知识资本指标必须与其他区域之间具有一定可比性,便于区域之间交流与沟通;二是纵向可比性,即该区域本期知识资本指标必须与其过去相互之间具有连贯性和可比性。由于区域内外部需求群体在进行决策时往往不仅要比较多个不同区域的同类指标,以对不同区域在某方面的能力差异进行比较,还要比较同一区域不同期间的同类指标,以对该区域在某方面能力的变动趋势进行判断,因此,知识资本指标必须同时兼具横向可比性和纵向可比性。

3. 数据可获取性

可获取性是指区域知识资本所采用的统计指标,其所需要的数据都是该区域统计网站或其他公开途径可以轻易获取的。同时,可以对不同统计年鉴的数据统一口径。

二、测度指标体系

1. 计算机信息资本

按照CHS框架,计算机信息资本包括软件和数据库两大类支出形成的价值积累,并结合《中国国民经济核算体系(2016)》的要求,以及数据的可获得性,测度计算机信息资本的指标,选择软件业的知识资本投资,而数据库类知识资本缺少正式统计数据,未纳入测度的指标体系,因此低估了计算机信息资本。

2. 创新性资本

(1) 研发资本

按照余泳泽(2015)的测度指标,选择我国各地区研发经费内部支出作为测度研发类资本存量的指标。

(2) 勘探资本

按照郑世林、杨梦俊(2020)的测度指标,以及《中国国民经济核算体系(2016)》的要求,选择我国各地区地质勘查投入作为测度矿藏勘探资本存量的指标。

(3) 创意资本

按照王云、龙志和、陈青青(2012)的测度指标,创意资本定义为建筑设计和工业设计投资的价值积累,但工业设计大部分属于R&D范畴之内,其投入已在R&D核算。因此,选择建筑设计投入额作为测度创意资本存量的指标。

(4) 版权资本

按照金相郁、武鹏(2009)的测度指标,本书把这项指标看作版权资本,定义为版权产品研发、生产及引进版权投资的价值积累,可以选择广播电视节目生产及服务投入、电影生产及服务投入、文化艺术创作及服务投入、图书出版投入、图书馆和档案馆服务活动投入、音像制品投入、进口版权产品贸易额等指标。

3.经济能力资本

(1)品牌资本

按照王云、龙志和、陈青青(2012)的测度指标,品牌资本定义为企业品牌宣传推广投资的价值积累,可以将企业品牌广告推广投入和企业市场推广研究投入两个指标作为测度品牌资本存量的指标。

(2)培训资本

按照郑世林、杨梦俊(2020)的测度指标,将培训资本定义为企业特定人力资本投入的价值积累,选择员工培训支出指标作为测度培训资本存量的指标。

(3)组织资本

按照郑世林、杨梦俊(2020)的测度指标,将组织资本定义为外购管理咨询服务和内部组织管理支出,由于缺乏外购管理咨询服务支出数据,只选择了内部组织管理人员工资指标作为测度组织资本存量的指标。

4.我国区域知识资本存量测度指标体系

根据以上分析,本书构建的我国区域知识资本的测度指标体系,如表 4-1所示。

表 4-1　我国区域知识资本存量估算指标体系

一级指标	二级指标	存量定义	三级指标	估算方法	数据来源
计算机信息资本	软件	软件投资的价值积累	A 软件业投资额	永续盘存法	《中国电子信息产业统计年鉴》
创新性资本	研发资本	研发经费内部支出的价值积累	A 研发经费内部支出	永续盘存法	《中国科技统计年鉴》
	矿藏勘探资本	地质勘查投入的价值积累	A 地质勘查投入	永续盘存法	《中国国土资源年鉴》
	创意资本	建筑设计和工业设计投资的价值积累	A 建筑设计投入额	永续盘存法	《中国统计年鉴》
	版权资本	版权产品研发、生产及引进版权投资的价值积累	A 广播电视节目生产及服务投入 B 文化艺术创作及服务投入 C 图书馆和档案馆服务活动投入 D 出版业投入	永续盘存法	《中国统计年鉴》《中国文化及相关产业统计年鉴》《中国出版年鉴》

表 4-1（续）

一级指标	二级指标	存量定义	三级指标	估算方法	数据来源
经济能力资本	品牌资本	企业品牌宣传推广投资的价值积累	A 企业品牌广告推广投入 B 企业市场推广研究投入	永续盘存法	《中国广告年鉴》《中国文化及相关产业统计年鉴》《中国第三产业统计年鉴》
	培训资本	企业特定人力资本投入的价值积累	A 员工培训支出	永续盘存法	《中国统计年鉴》
	组织资本	内部组织管理支出的价值积累	A 管理人员工资	永续盘存法	《中国统计年鉴》

第三节　我国区域知识资本存量测度

一、计算机信息资本测度

1. 数据来源

按照表 4-1 所示,选择软件业投资额作为计算机信息资本存量的测度指标。根据《中国国民经济核算体系(2016)》,计算机软件支出可以利用工业和信息化部计算机软件产品销售收入资料计算。为避免重复计算,应在软件业务收入中扣除软件产品收入,即:

$$软件业知识资本投资＝软件业务收入－软件产品收入$$

数据主要来自 2005—2020 年《中国电子信息产业统计年鉴》(软件篇)和《1949—2009 中国电子信息产业统计》,2000 年基期数据通过估算获得。

2. 缺失值的处理

若中间数据缺失,则按照缺失值前后年份的均值进行估计。若前端数据缺失,本书按照郑世林、杨梦俊(2020)的方法处理 2000 年"软件业务与软件产品收入"缺失问题。

3. 折旧率的确定

软件的使用年限不同,国外测定的折旧率不同,美国的 BEA 规定购买软件的使用年限为 3 年,折旧率为 0.55;委托开发软件的使用年限为 5 年,折旧率为 0.33,Corrado 等(2006)也选择 0.33 的折旧率。日本财务省规定软件使用年限统一为 5 年,折旧率为 0.369。但根据我国税法规定,软件行业固定资产(购买和自建),自 2014 年 1 月 1 日后,可以缩短使用年限,选择加速折旧的方法。因此,本书参考郑世林、杨梦俊(2020)选择分段时变的折旧方法,2000—2013 年折旧率为 0.33;2014—2019 年折旧率为 0.55,如表 4-2 所示。

表 4-2　计算机信息资本折旧率

一级指标	二级指标	分段加速折旧	
计算机信息资本	软件	2000—2013 年	2014—2019 年
		0.33	0.55

4. 软件价格指数确定

借鉴郑世林等(2020)的做法,选择消费者价格指数和固定资产投资价格指数的加权平均,构造软件价格指数,其中软件消费的影响较大,软件价格指数计算的权数分别为 0.6 和 0.4,即:

软件价格指数＝0.4×固定资产投资价格指数＋0.6×消费者价格指数

5. 基年资本存量的确定

根据郑世林和张美晨(2019)等学者的做法,基年计算机信息资本存量计算公式为:

$$ICTstock_{i,2000} = \frac{ICT_{i,2000}}{g_i + \delta}$$

其中,$ICTstock_{i,2000}$ 表示 i 地区基期 2000 年投资;g_i 表示 i 地区资本投资增长率(以 2000—2005 年的几何平均增长率测度);δ 表示计算机信息资本折旧率。由此可计算出我国 i 地区基期 2000 年计算机信息资本存量。

6. 计算机信息资本测度结果分析

(1) 计算机信息资本存量省际分布分析

2000—2019 年计算机信息资本存量测度结果如表 4-3 所示,从中可以发现,2019 年我国计算机信息资本存量排名前 3 的分别是广东、北京和江苏;排名前 7 位的全部是东部省份,分别是广东、北京、江苏、浙江、上海、山东和福建,占全国 77.1%;排名后 5 位的分别是山西、宁夏、内蒙古、青海和西藏,只占全国的 0.1%,其中最后 4 位全部是西部地区,表明我国 31 个省市自治区的计算机信息资本存量多集中在东部省份,省际分布十分不均衡。

表 4-3　代表性年份我国省际计算机信息资本存量测度

地区	2000 年	2005 年	2010 年	2015 年	2019 年
北京	64.19	1 091.33	3 031.37	6 228.23	12 963.96
天津	13.16	51.61	362.96	1 244.98	2 477.83
河北	0.39	5.51	101.22	242.06	429.12
山西	0.33	1.74	11.28	21.81	37.46
内蒙古	1.03	10.56	23.27	30.90	18.21
辽宁	8.04	195.66	881.85	3 571.53	2 354.94
吉林	1.08	70.95	206.42	534.18	740.07
黑龙江	1.35	44.27	99.72	153.70	128.31
上海	27.29	273.21	1 005.80	3 787.78	6 779.07
江苏	4.12	137.66	2 556.61	8 324.82	12 047.54
浙江	15.18	168.20	746.77	3 166.93	6 780.99
安徽	1.20	11.91	49.11	149.40	490.58
福建	2.54	113.99	564.91	1 946.06	3 589.97
江西	1.11	20.93	60.45	102.41	128.38
山东	26.08	162.63	919.80	3 531.65	5 711.73
河南	0.24	6.91	107.41	293.63	423.97
湖北	0.57	29.80	144.62	716.00	1 632.50
湖南	2.86	26.67	84.19	245.69	556.92
广东	12.67	215.58	2 697.21	8 890.57	15 672.36
广西	0.58	5.80	31.29	98.36	352.00
海南	1.21	1.92	4.25	32.59	268.49
重庆	1.50	55.57	435.68	1 061.62	2 131.02
四川	2.03	59.21	32.74	2 003.51	3 249.05
贵州	0.81	7.86	52.55	104.94	247.86
云南	1.68	36.21	147.89	89.89	273.69
西藏	0.00	0.00	0.00	0.00	0.00
陕西	35.06	106.75	313.03	1 137.05	2 694.58
甘肃	2.79	7.19	23.02	37.84	62.85
青海	0.00	0.05	0.21	1.35	2.13
宁夏	0.07	2.15	3.22	10.48	24.18
新疆	0.43	11.10	27.84	71.19	102.82
合计	229.59	2 932.94	14 726.69	34 701.97	82 372.58

（2）计算机信息资本存量增长趋势分析

从表 4-4 的增长率趋势来看,全国省际计算机信息资本存量平均增长率呈现持续下降的趋势,其中 2001—2005 年阶段为 76.16%,2006—2010 年阶段为 37.04%,2011—2015 年阶段为 25.41%,2016—2019 年阶段为 22.65%,平均增长率下降趋于缓慢。从四大区域来说,东北区域下降速度较快,2016—2019 年阶段为负增长 −6.38%;中部地区下降速度也较快,从 2001—2005 年阶段的 101.84%,下降到 2016—2019 年阶段的 17.86%;而西部地区的增长率在 2011—2015 年开始趋于稳定。具体到各个省份来看,东北三省中辽宁和黑龙江两个省份的计算机信息资本在 2016—2019 年呈现了负增长的趋势;东部沿海省市中的上海、江苏、浙江、福建、山东和广东都呈现了持续下降的趋势,北京呈现先下降后上升的趋势。中部地区的几个省份,山西、安徽、湖南也呈现了先下降后上升的趋势,而河南、江西与湖北则呈现了持续下降的趋势。

表 4-4　我国省际计算机信息资本平均增长率分析　　　单位：%

地区	2001—2005 年	2006—2010 年	2011—2015 年	2016—2019 年
北京	77.02	23.01	7.80	21.06
天津	37.32	53.33	20.67	17.94
河北	72.45	88.17	12.37	14.15
山西	41.87	52.80	7.46	17.92
内蒙古	61.05	18.01	−1.86	−20.23
辽宁	89.90	36.24	24.98	−15.56
吉林	172.18	23.92	13.44	5.43
黑龙江	115.16	17.91	1.47	−9.02
上海	60.40	30.13	23.18	14.35
江苏	129.29	93.03	19.50	6.17
浙江	66.76	36.43	26.27	18.78
安徽	58.34	34.10	20.81	33.12
福建	133.60	38.73	21.55	14.37
江西	86.32	24.30	3.37	3.86
山东	44.73	41.77	23.99	9.83
河南	117.41	86.55	15.46	6.38
湖北	236.97	38.14	30.88	21.53

表 4-4 (续)

地区	2001—2005 年	2006—2010 年	2011—2015 年	2016—2019 年
湖南	70.14	28.05	17.07	24.34
广东	83.49	76.07	19.75	13.05
广西	63.39	42.11	18.82	51.03
海南	11.11	18.50	55.61	70.91
重庆	125.53	52.28	12.46	20.66
四川	−166.19	−9.89	305.23	26.73
贵州	83.89	54.29	8.05	29.31
云南	88.86	34.51	−18.75	217.74
西藏	0.00	0.00	0.00	0.00
陕西	34.99	25.20	22.49	23.84
甘肃	23.36	26.48	3.45	12.29
青海	84.60	33.29	40.28	17.97
宁夏	138.05	9.81	19.49	24.77
新疆	119.10	20.93	12.48	9.42
全国平均	76.16	37.04	25.41	22.65
东部地区平均	71.62	49.92	23.07	20.06
中部地区平均	101.84	43.99	15.84	17.86
西部地区平均	54.72	25.58	35.18	34.46
东北地区平均	125.75	26.03	13.30	−6.38

（3）计算机信息资本存量的省际占比分析

表 4-5 显示了 2000—2019 年期间东部地区的计算机信息资本存量占比从 72.65% 上升到 84.66%，中部地区的占比从 2.75% 上升到 4.28%，西部地区的占比从 20.03% 下降到 7.75%，东北地区的占比从 4.56% 下降到 3.31%，特别是东北地区和西部地区比重持续下降的速度较快，表明省际计算机信息资本存量不平衡问题十分严峻。我国多年来实施的东北老工业基地振兴与西部大开发计划在促进区域协调发展中，虽然发挥了较大的作用，但对东北地区和西部地区的信息化等方面的投资还严重不足，不能够有效积累计算机信息资本。

表 4-5　代表性年份我国区域计算机信息资本存量测度

地区	2000 年		2005 年		2010 年		2015 年		2019 年	
	总额/亿元	占比/%	总额/亿元	占比/%	总额/亿元	占比/%	总额/亿元	占比	总额/亿元	占比/%
东部	166.83	72.65	2 221.65	77.23	11 990.88	81.58	27 195.62	81.79	45 459.71	84.66
中部	6.32	2.75	97.97	3.41	457.07	3.11	1 119.69	3.37	2 297.07	4.28
西部	46.00	20.03	246.26	8.56	1 062.04	7.23	1937.28	5.83	4 158.73	7.75
东北	10.48	4.56	310.88	10.81	1 187.99	8.08	2 998.31	9.02	1 778.45	3.31

（4）计算机信息资本存量变异系数分析

四大区域的变异系数计算结果如表 4-6 所示。2000—2019 年期间东部、西部和东北三大区域内部的变异系数在下降,表明计算机信息资本存量的分布差距在缩小;而中部地区的变异系数在上升,表明差距在扩大。从全国来看,变异系数不断降低,差距也在缩小,但省际的两极分化还是十分严重,值得我们的重视。

表 4-6　代表性年份我国区域计算机信息资本存量变异系数测度

地区	2000 年	2005 年	2010 年	2015 年	2019 年
东部	1.16	1.43	0.94	0.84	0.80
中部	0.92	0.69	0.61	0.98	1.07
西部	2.58	1.55	1.60	1.90	1.88
东北	1.13	0.78	1.07	1.32	1.03
全国	1.87	2.07	1.69	1.54	1.53

二、创新性资本测度

1. 研发资本存量测度

（1）数据来源与处理

① 研发资本存量测度采用我国各地区"R&D 经费内部支出",数据来源于 2001—2020 年《中国科技统计年鉴》。② 折旧率的确定。本书根据经合组织对研发资本服务年限为 10 年的假定,结合我国关于固定资产残值比例的税法规定,按照郑世林、杨梦俊（2020）给定的折旧率 0.26 测度 2000—2012 年的研发资本存量。2012 年随着我国 GDP 增速放缓,首次下降到 8% 以下。同时,随着

数字经济的发展,以及 2014 年固定资产加速折旧税法的规定,本书对 2013—2019 年的折旧率,采用 0.28 作为研发资本的加速折旧率。③ 研发价格指数确定。借鉴白俊红等(2017)的做法,选择消费者价格指数和固定资产投资价格指数的加权平均,构造研发价格指数,即研发价格指数＝0.4×固定资产投资价格指数＋0.6×消费者价格指数。④ 基年资本存量的确定。按照计算机信息资本基年的确定做法,计算基年研发资本存量。

（2）研发资本测度结果分析

① 研发资本存量省际分布分析

表 4-7 表明,2019 年我国区域研发资本存量排名前 3 的分别是广东、江苏和北京,这也验证了 3 个地区创新能力十分强劲。全国排名前 6 位的全部是东部地区省份,分别是广东、江苏、北京、山东、浙江、上海,占全国 59.5%;排名后 5 位的分别是新疆、宁夏、海南、青海和西藏,只占全国的 0.7%;西部地区排名最高的是四川省,位于全国第 8 位;东北地区辽宁、黑龙江和吉林 3 省的研发资本存量分别排在第 14、21 和 23 位;湖北省位于中部地区的第一,但位于全国的第 7 位。表明我国 31 个省市自治区的研发资本存量分布十分不均衡。

表 4-7　代表性年份我国省际研发资本存量测度　　　　单位:亿元

地区	2000 年	2005 年	2010 年	2015 年	2019 年
北京	386.78	947.31	1 922.40	3 194.40	4 436.80
天津	59.10	159.84	472.07	1 059.50	1 151.40
河北	61.68	139.92	336.08	702.75	1 058.20
山西	23.58	63.02	184.05	322.80	375.67
内蒙古	7.14	23.99	112.69	266.10	311.42
辽宁	106.03	303.79	621.36	981.57	1 087.30
吉林	34.48	98.78	184.18	303.78	318.69
黑龙江	39.22	111.83	264.42	375.47	352.59
上海	174.22	493.81	1 126.10	2 040.90	2 972.40
江苏	158.84	575.57	1 687.80	3 543.00	5 129.90
浙江	70.05	321.48	1 035.10	2 088.40	3 132.20
安徽	43.63	111.98	319.66	826.23	1 333.50
福建	46.52	131.66	354.65	820.55	1 398.40
江西	17.34	61.35	182.87	339.37	620.44

表 4-7（续）

地区	2000 年	2005 年	2010 年	2015 年	2019 年
山东	117.29	406.19	1 290.50	2 861.80	3 540.80
河南	55.22	128.88	399.52	845.56	1 344.80
湖北	79.10	183.71	496.88	1 064.10	1 613.70
湖南	41.48	108.77	340.61	763.51	1 274.60
广东	241.68	636.68	1 704.50	3 738.70	5 812.00
广西	19.83	38.08	114.51	242.11	323.72
海南	1.82	4.81	13.04	34.25	53.11
重庆	21.49	67.77	194.82	458.36	834.19
四川	106.91	245.73	512.73	954.21	1 456.80
贵州	9.20	26.50	62.21	121.44	235.47
云南	15.11	43.32	93.12	196.47	364.74
西藏	0.62	1.13	3.11	5.52	7.45
陕西	126.35	244.51	462.15	789.36	1 068.40
甘肃	17.89	44.97	91.58	160.95	205.91
青海	3.17	7.81	16.77	27.18	34.49
宁夏	3.65	8.29	23.80	48.97	87.89
新疆	7.69	15.93	48.62	100.73	127.60
合计	2 097.11	5 757.41	14 671.91	29 278.04	42 064.58

② 研发资本存量增长趋势分析

从表 4-8 的增长率趋势来看,31 个省市自治区研发资本存量平均增长率呈现不断下降的趋势,其中 2001—2005 年阶段为 21.85%,2006—2010 年阶段为 21.46%,2011—2015 年阶段为 14.91%,2016—2019 年阶段为 9.38%,其中 2016—2019 阶段增长率比较缓慢。就四大区域来说,中部、西部呈现先上升后下降的趋势,东部地区呈现持续下降的趋势,但东北区域平均增长率呈现快速下降的趋势,特别是 2016—2019 年的平均增长率只有 0.77%。就个别省份来说,黑龙江由 2001—2005 年阶段的平均增长率 23.36% 下降到 2016—2019 年阶段的 -1.55%,可见黑龙江研发资本积累存在下降的问题。东部地区中,江苏由 2001—2005 年阶段的平均增长率 29.38% 下降到 2016—2019 年阶段的 9.70%,下降了接近 20%,近年来研发资本积累比较缓慢。

表 4-8 我国省际研发资本平均增长率分析 单位:%

地区	2001—2005 年	2006—2010 年	2011—2015 年	2016—2019 年
北京	19.63	15.23	10.72	8.58
天津	22.08	24.21	17.64	2.18
河北	17.83	19.18	15.94	10.78
山西	21.78	23.95	12.11	3.89
内蒙古	27.46	36.33	18.95	4.07
辽宁	23.47	15.40	9.81	2.61
吉林	23.60	13.38	10.55	1.26
黑龙江	23.36	18.80	7.32	−1.55
上海	23.17	17.96	12.65	9.86
江苏	29.38	24.02	16.04	9.70
浙江	35.67	26.51	15.11	10.67
安徽	20.76	23.39	21.00	12.71
福建	23.20	21.94	18.34	14.26
江西	28.87	24.47	13.17	16.29
山东	28.24	26.02	17.35	5.59
河南	18.53	25.44	16.24	12.30
湖北	18.44	22.10	16.50	10.97
湖南	21.38	25.77	17.60	13.67
广东	21.50	21.79	17.08	11.66
广西	13.95	24.83	16.46	7.54
海南	21.83	22.39	21.63	11.61
重庆	25.89	23.53	18.72	16.17
四川	18.25	15.90	13.24	11.16
贵州	23.66	18.73	14.33	18.03
云南	23.60	16.54	16.14	16.73
西藏	13.91	22.79	12.35	7.93
陕西	14.12	13.61	11.32	7.86
甘肃	20.27	15.32	11.95	6.36
青海	20.01	16.94	10.50	6.17
宁夏	17.86	23.68	15.57	15.76
新疆	15.78	25.10	15.79	6.11

表 4-8（续）

地区	2001—2005 年	2006—2010 年	2011—2015 年	2016—2019 年
全国平均	21.85	21.46	14.91	9.38
东部地区平均	24.25	21.92	16.25	9.49
中部地区平均	21.63	24.19	16.10	11.64
西部地区平均	19.56	21.11	14.61	10.32
东北地区平均	23.48	15.86	9.23	0.77

③ 研发资本存量的省际占比分析

如表 4-9 所示，2000—2019 年期间，东部地区的研发资本存量占比从 66.22% 上升到 70.64%；中部地区的占比从 13.08% 上升到 16.16%；西部地区的占比从 11.66% 下降到 8.87%；东北地区的占比从 9.03% 下降到 4.33%，东北地区下降明显，从中可以看出省际研发资本存量差距十分明显。

表 4-9 代表性年份我国区域研发资本存量测度

地区	2000 年		2005 年		2010 年		2015 年		2019 年	
	总额/亿元	占比/%	总额/亿元	占比/%	总额/亿元	占比/%	总额/亿元	占比/%	总额/亿元	占比/%
东部	1 317.98	66.22	3 817.27	69.26	9 942.24	70.22	20 084.2	70.91	28 685.2	70.64
中部	260.35	13.08	657.71	11.93	1 923.59	13.59	4 161.57	14.69	6 562.71	16.16
西部	232.14	11.66	522.31	9.48	1 223.39	8.64	2 417.19	8.53	3 601.28	8.87
东北	179.74	9.03	514.40	9.33	1 069.96	7.56	1 660.82	5.86	1 758.58	4.33

④ 研发资本变异系数分析

四大区域的研发资本变异系数如表 4-10 所示。2000—2019 年期间东部、中部和西部 3 大区域的变异系数在下降，从 2000 年的 0.87、0.51 和 1.78 下降到 2019 年的 0.67、0.44 和 1.11，说明这 3 个地区内部研发资本存量的分布差距在缩小。东北地区的变异系数在上升，从 2000 年的 0.67 上升到 2019 年的 0.74，差距在扩大。从全国来看，变异系数不断降低，从 2000 年的 1.23 下降到 2019 年的 1.12，全国整体差距也在缩小，但省际的两极分化还是十分严重。

表 4-10　代表性年份我国区域研发资本存量变异系数测度

地区	2000 年	2005 年	2010 年	2015 年	2019 年
东部	0.87	0.76	0.67	0.65	0.67
中部	0.51	0.42	0.38	0.43	0.44
西部	1.78	1.53	1.24	1.13	1.11
东北	0.67	0.67	0.65	0.67	0.74
全国	1.23	1.16	1.11	1.11	1.12

2. 矿藏勘探资本测度

（1）数据来源与处理

① 矿藏勘探资本存量测度采用我国各地区"地质勘查投入"，数据来源于 2001—2020 年《中国国土资源年鉴》。② 折旧率的确定。矿藏勘探资本存量如研发资本存量的折旧率，2000—2012 年采用 0.26，2013—2019 年采用 0.28。③ 矿藏勘探价格指数确定。选择消费者价格指数和固定资产投资价格指数的加权平均，构造矿藏勘探价格指数，即矿藏勘探价格指数＝0.4×固定资产投资价格指数＋0.6×消费者价格指数。④ 基年资本存量的确定。按照研发基年资本存量的确定做法，计算基年矿藏勘探资本存量。

（2）矿藏勘探资本测度结果分析

① 矿藏勘探资本存量省际分布分析

如表 4-11 所示，2019 年我国矿藏勘探资本存量排名前 3 的分别是新疆、四川和广东，西部地区资源丰富，投入的矿藏勘探资金较多。全国排名前 7 位的分别是新疆、四川、广东、陕西、内蒙古、山东、河北，占全国 56.8%；排名后 5 位的分别是湖南、广西、北京、浙江、福建，只占全国的 3.07%。

表 4-11　代表性年份我国省际矿藏勘探资本存量测度　　单位：亿元

地区	2000 年	2005 年	2010 年	2015 年	2019 年
北京	7.39	10.49	18.38	20.51	11.50
天津	128.05	77.45	112.65	62.94	87.05
河北	17.22	38.19	122.67	109.31	93.97
山西	2.57	10.79	36.35	48.82	40.30
内蒙古	0.87	8.50	178.69	162.87	118.67
辽宁	83.70	40.37	70.80	60.39	48.40

表 4-11（续）

地区	2000 年	2005 年	2010 年	2015 年	2019 年
吉林	20.32	41.53	68.92	69.26	50.40
黑龙江	39.72	80.77	95.80	93.16	76.67
上海	45.35	17.04	27.04	34.88	39.11
江苏	17.54	20.13	60.58	51.70	33.32
浙江	22.18	10.83	9.00	11.63	9.99
安徽	1.10	9.86	24.79	32.94	19.50
福建	1.08	2.95	9.78	11.69	8.88
江西	0.41	2.23	14.70	23.66	17.96
山东	127.95	104.11	116.32	138.07	114.00
河南	40.48	45.52	71.28	93.79	57.17
湖北	9.96	12.81	24.91	35.82	26.35
湖南	1.78	3.99	11.45	21.04	15.40
广东	14.02	44.98	127.90	109.31	148.49
广西	2.06	5.39	12.94	18.18	14.61
海南	0.98	0.43	9.25	20.87	17.70
重庆	0.61	15.45	11.80	26.03	25.76
四川	43.35	47.52	222.08	194.55	151.02
贵州	0.47	4.75	17.72	36.39	25.65
云南	21.09	31.57	44.28	47.75	36.37
西藏	0.56	2.43	12.51	21.88	17.85
陕西	40.43	49.66	143.57	196.70	130.37
甘肃	9.88	32.78	57.06	98.03	79.85
青海	24.96	22.38	41.11	70.86	56.07
宁夏	0.26	2.11	13.99	21.23	33.26
新疆	115.81	208.02	358.81	443.49	359.34
合计	842.15	1 005.03	2 147.13	2 387.75	1 964.98

② 矿藏勘探资本存量增长趋势分析

从表 4-12 的增长率趋势来看,31 个省市自治区矿藏勘探资本存量平均增长率呈现先上升后下降的趋势,其中 2001—2005 年阶段为 23.55%,2006—2010 年阶段为 25.54%,2011—2015 年阶段为 5.96%,2016—2019 年阶段为

－4.20％,其中2001—2005年和2006—2010年两个阶段的矿藏勘探资本存量积累较快,而2016—2019年阶段平均增长率比较缓慢,下降到－4.20％。

就4大区域来说,东部、东北地区呈现先上升后下降的趋势,西部和中部地区呈现持续下降的趋势。其中,东北地区的平均增长率在2011—2015年和2016—2019年两个阶段都是负增长,分别为－0.97％和－5.91％,增长率下降比较明显。在4个区域中,2006—2010年阶段的增长均比较快,快速积累了矿藏勘探资本。就个别省份来说,东部地区中的江苏在2011—2015年和2016—2019年两个阶段都是负增长的,而广东的4个阶段都是正增长的,江苏与广东两省的增长率差距在扩大。

表 4-12　我国省际矿藏勘探资本平均增长率分析　　　　单位:%

地区	2001—2005 年	2006—2010 年	2011—2015 年	2016—2019 年
北京	8.01	14.05	2.90	－13.45
天津	－9.55	7.89	－9.67	8.51
河北	18.99	30.78	－2.10	－3.65
山西	38.22	28.74	6.27	－4.63
内蒙古	68.36	94.08	－1.61	－7.59
辽宁	－13.48	11.94	－2.91	－5.38
吉林	15.46	10.90	0.35	－7.63
黑龙江	15.43	3.61	－0.36	－4.73
上海	－17.73	12.17	5.39	6.77
江苏	2.95	31.69	－3.08	－10.38
浙江	－12.91	－2.75	7.41	－3.54
安徽	56.09	20.31	6.29	－12.18
福建	23.05	28.09	4.22	－6.53
江西	40.98	46.10	10.90	－6.60
山东	－4.04	3.02	3.74	－4.66
河南	2.42	11.07	6.63	－11.61
湖北	5.35	16.00	8.20	－7.37
湖南	20.16	24.05	14.00	－7.44
广东	29.97	23.99	7.92	8.36
广西	21.51	19.25	7.53	－5.21
海南	－15.30	115.49	20.75	－1.99

表 4-12 （续）

地区	2001—2005 年	2006—2010 年	2011—2015 年	2016—2019 年
重庆	207.08	−4.55	18.03	−0.13
四川	2.98	53.37	−2.37	−6.10
贵州	59.41	30.41	16.23	−8.15
云南	8.84	10.01	1.80	−6.47
西藏	34.50	41.15	12.39	−4.94
陕西	5.94	25.40	7.01	−9.76
甘肃	39.09	11.93	11.92	−4.99
青海	−1.39	13.00	12.99	−5.65
宁夏	67.04	48.71	9.61	22.04
新疆	12.54	11.72	4.46	−5.08
全国平均	23.55	25.54	5.96	−4.20
东部地区平均	2.35	26.44	3.75	−2.06
中部地区平均	27.20	24.38	8.71	−8.31
西部地区平均	43.83	29.54	8.16	−3.50
东北地区平均	5.80	8.81	−0.97	−5.91

③ 矿藏勘探资本存量的省际占比分析

表 4-13 中，2000—2019 年期间，东部地区的矿藏勘探资本存量占比从 47.67% 下降到 30.99%，中部地区的占比从 7.03% 上升到 9.71%，西部地区的占比从 27.35% 上升到 49.66%，东北地区的占比从 17.95% 下降到 9.64%。由此可以看出，西部地区资源禀赋较高，对资源开采需求较多，而东部地区较早实现了产业的更新换代，降低了矿藏勘探投入。

表 4-13 代表性年份我国区域矿藏勘探资本存量测度

地区	2000 年		2005 年		2010 年		2015 年		2019 年	
	总额/亿元	占比/%	总额/亿元	占比/%	总额/亿元	占比/%	总额/亿元	占比/%	总额/亿元	占比/%
东部	381.75	47.67	326.59	34.00	613.58	31.81	570.92	25.97	564.02	30.99
中部	56.30	7.03	85.21	8.87	183.47	9.51	256.06	11.65	176.69	9.71
西部	219.04	27.35	386.08	40.19	896.49	46.47	1148.4	52.24	903.83	49.66
东北	143.73	17.95	162.67	16.93	235.52	12.21	222.81	10.14	175.47	9.64

④ 矿藏勘探资本变异系数分析

如表 4-14 所示,2000—2019 年期间 4 大区域的变异系数呈现下降趋势,从 2000 年的 1.28、1.67、1.83、0.68 下降到 2019 年的 0.89、0.55、1.30、0.27,说明这 4 个地区内部矿藏勘探资本存量的分布差距在缩小。从全国来看,变异系数不断降低,从 2000 年的 1.38 下降到 2019 年的 0.80,全国整体差距在缩小。

表 4-14　代表性年份我国区域矿藏勘探资本存量变异系数测度

地区	2000 年	2005 年	2010 年	2015 年	2019 年
东部	1.28	1.05	0.86	0.81	0.89
中部	1.67	1.12	0.71	0.63	0.55
西部	1.83	1.78	1.41	1.31	1.30
东北	0.68	0.42	0.19	0.23	0.27
全国	1.38	0.99	0.95	0.81	0.80

3. 创意资本测度方法

(1) 数据来源与处理

① 创意资本存量测度采用我国各地区"勘察设计机构营业收入",数据来源于 2001—2020 年《中国统计年鉴》。由于创意资本中的"勘察设计机构营业收入"部分已被计入 R&D 投资,本书根据 Corrado 等(2005)和 Hulten、Hao(2012)的方法,以勘察设计机构营业收入的 50% 作为创意资本投资。② 折旧率的确定。创意资本存量如研发资本存量的折旧率,2000—2012 年采用 0.26,2013—2019 年采用 0.28。③ 创意资本价格指数确定。选择消费者价格指数和固定资产投资价格指数的加权平均,构造创意价格指数,即创意资本价格指数 = 0.4×固定资产投资价格指数 + 0.6×消费者价格指数。④ 基年资本存量的确定。按照研发基年资本存量的确定做法,计算基年创意资本存量。

(2) 创意资本测度结果分析

① 创意资本存量省际分布分析

如表 4-15 所示,经济发达地区的商业氛围浓厚,在创意方面投资较多。2019 年我国创意资本存量排名前 3 的分别是北京、广东和上海;排名前 7 位的分别是北京、广东、上海、江苏、浙江、湖北、山东,占全国 65.5%;排名后 5 位的分别是内蒙古、海南、宁夏、青海和西藏,只占全国的 0.5%。

江苏省知识资本溢出效应研究

表 4-15　代表性年份我国省际创意资本存量测度　　　单位:亿元

地区	2000 年	2005 年	2010 年	2015 年	2019 年
北京	292.30	744.45	2 177.17	6 508.09	9 405.92
天津	72.12	181.29	367.78	898.53	2 048.71
河北	32.81	78.30	180.11	428.33	906.22
山西	12.34	36.30	86.10	388.66	524.74
内蒙古	17.67	27.94	52.61	79.10	91.85
辽宁	130.04	195.13	417.99	609.10	577.92
吉林	21.98	38.19	73.75	121.20	132.89
黑龙江	11.05	24.59	103.56	121.52	220.06
上海	146.39	416.28	1 031.71	1 978.50	5 744.82
江苏	67.54	203.69	517.57	2 026.19	4 363.14
浙江	62.61	186.85	463.48	2 604.90	3 788.62
安徽	22.98	81.59	208.22	518.73	1 626.87
福建	14.91	55.28	154.76	680.85	1 740.58
江西	5.09	21.01	72.84	284.20	912.69
山东	37.03	125.54	360.34	1 036.98	2 650.49
河南	35.49	82.08	200.69	413.24	891.58
湖北	64.74	182.76	482.26	1 039.07	2 667.38
湖南	9.32	40.15	153.87	461.66	2 188.55
广东	190.30	481.69	1 117.75	3 592.01	5 952.38
广西	5.01	16.88	52.26	101.77	714.08
海南	4.18	9.15	21.86	46.94	72.59
重庆	74.05	123.31	215.18	409.68	524.82
四川	68.60	164.83	365.32	904.52	1 840.23
贵州	5.21	17.66	58.70	359.74	874.21
云南	15.32	41.19	111.00	212.42	454.42
西藏	0.50	1.49	2.09	3.14	24.30
陕西	46.55	120.47	314.53	523.69	1 316.71
甘肃	21.26	46.19	60.72	94.96	254.42
青海	1.98	4.00	9.81	19.07	28.83
宁夏	5.12	8.26	14.94	69.33	41.93
新疆	10.03	23.60	57.64	149.75	211.56
合计	1 504.52	3 780.14	9 506.61	26 685.87	52 793.51

② 创意资本存量增长趋势分析

从表 4-16 的增长率趋势来看,31 个省市自治区创意资本存量平均增长率呈现上升的趋势,其中 2001—2005 年阶段为 20.92%,2006—2010 年阶段为 19.97%,2011—2015 年阶段为 22.43%,2016—2019 年阶段为 22.43%。就 4 大区域平均增长率来说,东部呈现缓慢下降的趋势,从 2001—2005 年阶段的 22.74% 下降到 2016—2019 年阶段的 19.61%;中部地区呈现先下降后上升的趋势;西部地区呈现上升的趋势;而东北地区呈现先上升后下降的趋势。就个别省份来说,2016—2019 年阶段,东部地区的上海增长较快,江苏增长平稳,广东增长趋缓。

表 4-16 我国省际创意资本平均增长率分析 单位:%

地区	2001—2005 年	2006—2010 年	2011—2015 年	2016—2019 年
北京	20.57	24.33	24.86	9.71
天津	20.26	15.25	19.78	23.11
河北	19.01	18.30	19.22	21.41
山西	24.10	18.87	37.22	7.82
内蒙古	9.60	13.65	8.65	4.34
辽宁	8.46	16.62	7.98	−1.27
吉林	11.69	14.12	10.74	2.37
黑龙江	17.36	39.36	5.44	16.29
上海	23.26	20.13	14.17	31.91
江苏	24.73	20.51	31.65	21.16
浙江	24.47	20.14	43.82	10.07
安徽	28.88	20.65	20.19	33.21
福建	30.01	23.05	35.62	26.72
江西	32.85	29.43	31.59	34.01
山东	27.69	23.54	23.77	26.86
河南	18.28	19.67	15.97	22.19
湖北	23.09	21.44	17.05	26.86
湖南	33.99	30.85	25.88	48.53
广东	20.43	18.37	26.52	13.48
广西	27.55	25.36	14.29	67.22
海南	16.96	19.11	16.57	11.70

表 4-16（续）

地区	2001—2005 年	2006—2010 年	2011—2015 年	2016—2019 年
重庆	10.74	11.83	13.77	6.40
四川	19.18	17.31	22.94	21.34
贵州	27.69	28.27	47.54	27.19
云南	21.90	22.25	13.91	21.55
西藏	24.35	7.27	41.31	96.45
陕西	20.96	21.18	10.75	26.87
甘肃	16.79	5.77	9.40	29.17
青海	15.12	20.02	14.25	10.98
宁夏	10.02	12.72	48.94	−11.74
新疆	18.66	19.59	21.47	9.27
全国平均	20.92	19.97	22.43	22.43
东部地区平均	22.74	20.27	25.60	19.61
中部地区平均	26.86	23.48	24.65	28.77
西部地区平均	18.55	17.10	22.27	25.75
东北地区平均	12.50	23.37	8.05	5.80

③ 创意资本存量的省际占比分析

表 4-17 显示，2000—2019 年期间，东部地区的创意资本存量占比从
63.99％上升到 71.97％；中部地区的占比从 10.43％上升到 17.29％；西部地区
的占比从 14.24％下降到 8.92％；东北地区的占比从 11.34％下降到 1.83％，东
北地区下降速度较快。

表 4-17　代表性年份我国区域创意资本存量测度

地区	2000 年		2005 年		2010 年		2015 年		2019 年	
	总额/亿元	占比/%	总额/亿元	占比/%	总额/亿元	占比/%	总额/亿元	占比/%	总额/亿元	占比/%
东部	920.20	63.99	2 482.51	68.61	6 392.53	69.90	19 801.3	76.79	36 673.4	71.97
中部	149.96	10.43	443.89	12.27	1 203.97	13.16	3 105.56	12.04	8 811.81	17.29
西部	204.73	14.24	434.02	12.00	953.52	10.43	2 027.66	7.86	4 543.16	8.92
东北	163.07	11.34	257.92	7.13	595.31	6.51	851.83	3.30	930.87	1.83

④ 创意资本变异系数分析

如表 4-18 所示,2000—2019 年期间 4 大区域的变异系数都在下降,从 2000 年的 0.99、0.89、1.29、1.21 下降到 2019 年的 0.77、0.57、1.10、0.76,说明这 4 个地区内部创意资本存量的分布差距在缩小。从全国来看,变异系数也在不断降低,从 2000 年的 1.32 下降到 2019 年的 1.24,全国创意资本存量整体差距在缩小。

表 4-18　代表性年份我国区域创意资本存量变异系数测度

地区	2000 年	2005 年	2010 年	2015 年	2019 年
东部	0.99	0.93	1.01	0.97	0.77
中部	0.89	0.80	0.74	0.52	0.57
西部	1.29	1.18	1.19	1.02	1.10
东北	1.21	1.10	0.96	0.99	0.76
全国	1.32	1.31	1.41	1.53	1.24

4. 版权资本测度方法

(1) 数据来源与处理

① 版权资本是版权产品研发生产及引进版权投资的价值积累。版权资本存量测度采用我国各地区广播电视节目生产及服务投入、文化艺术创作及服务投入、图书馆和档案馆服务活动投入、出版业投入之和,数据来源于 2001—2020 年《中国统计年鉴》《中国文化及相关产业统计年鉴》《中国出版年鉴》。本书根据 Corrado 等(2005)和 Hulten、Hao(2012)的方法,以广播电视节目生产及服务营业收入、文化艺术创作及服务营业收入、图书馆和档案馆服务活动营业收入、出版业营业收入的 60% 作为版权资本投资。② 折旧率的确定。版权资本存量如研发资本存量的折旧率,2000—2012 年采用 0.26,2013—2019 年采用 0.28。③ 版权资本价格指数确定。选择消费者价格指数和固定资产投资价格指数的加权平均,构造版权价格指数,即版权资本价格指数=0.4×固定资产投资价格指数+0.6×消费者价格指数。④ 基年资本存量的确定。按照研发基年资本存量的确定做法,计算基年版权资本存量。

(2) 版权资本测度结果分析

① 版权资本存量省际分布分析

如表 4-19 所示,2019 年我国版权资本存量排名前 3 的分别是北京、浙江和上海;排名前 7 位的分别是北京、浙江、上海、江苏、广东、湖南、山东,占全国的

61.9％;排名后5位的分别是甘肃、海南、宁夏、青海和西藏,只占全国的1.8％。

表 4-19　代表性年份我国省际版权资本存量测度　　单位:亿元

地区	2000 年	2005 年	2010 年	2015 年	2019 年
北京	32.37	92.19	219.81	641.99	1962.52
天津	32.52	50.44	62.17	88.34	107.63
河北	108.48	111.20	111.53	205.79	255.03
山西	49.00	57.00	69.23	127.01	138.58
内蒙古	46.80	47.19	52.40	70.67	82.90
辽宁	74.68	111.12	127.43	160.12	149.88
吉林	39.21	56.82	73.25	100.66	112.99
黑龙江	34.61	38.04	47.62	98.84	108.94
上海	194.16	335.15	485.13	701.64	940.74
江苏	236.38	340.63	459.17	626.70	772.47
浙江	149.99	236.76	369.10	723.35	991.65
安徽	101.09	106.12	149.19	259.82	308.65
福建	30.52	57.91	84.37	164.20	240.08
江西	74.11	98.03	121.89	193.73	235.14
山东	158.76	181.61	215.71	389.04	459.75
河南	114.70	125.87	141.94	230.39	283.69
湖北	43.37	77.56	120.12	220.08	280.25
湖南	76.76	131.65	203.71	447.92	572.41
广东	51.86	120.88	208.54	433.54	759.09
广西	35.56	72.11	104.61	140.74	167.51
海南	8.13	14.92	24.31	38.71	58.10
重庆	61.84	82.06	111.91	132.89	152.43
四川	168.45	183.46	193.93	250.83	315.35
贵州	24.90	35.84	49.27	115.86	175.58
云南	44.39	62.41	81.02	128.72	162.26
西藏	1.84	2.58	3.20	10.07	10.48
陕西	36.98	69.56	103.56	169.26	197.35
甘肃	32.18	47.23	55.10	75.03	77.73
青海	4.24	6.26	7.33	12.43	13.04

表 4-19（续）

地区	2000 年	2005 年	2010 年	2015 年	2019 年
宁夏	13.95	13.96	16.19	25.97	25.49
新疆	24.85	36.14	47.80	79.74	309.06
合计	2 106.68	3 002.70	4 120.54	7 064.08	10 426.77

② 版权资本存量增长趋势分析

从增长率趋势来看,31 个省市自治区版权资本存量平均增长率呈现波动的趋势,如表 4-20 所示。其中 2001—2005 年阶段为 7.90%,2006—2010 年阶段为 6.00%,2011—2015 年阶段为 11.69%,2016—2019 年阶段为 7.37%。就 4 大区域平均增长率来说,2011—2015 年阶段 4 个区域的平均增长率均较高,依次是东部、中部、西部和东北地区,但到了 2016—2019 年阶段,东部地区增长率下降比较缓慢,但东北地区增长率下降较快,只有 1.34%。就个别省份来说,2016—2019 年阶段新疆的增长最快达到了 47.96%,东部地区的北京增长较快达到了 32.32%,广东增长率为 15.45%,而江苏增长率只有 5.37%。

表 4-20 我国省际版权资本平均增长率分析　　　　单位:%

地区	2001—2005 年	2006—2010 年	2011—2015 年	2016—2019 年
北京	23.29	18.99	24.26	32.32
天津	9.18	4.28	7.42	5.17
河北	0.50	0.08	13.17	5.59
山西	3.09	4.03	13.06	2.23
内蒙古	0.17	2.12	6.48	4.10
辽宁	8.27	2.79	4.82	−1.64
吉林	7.70	5.21	6.80	2.93
黑龙江	1.91	4.60	16.57	2.72
上海	11.54	7.71	7.68	7.70
江苏	7.58	6.16	6.43	5.37
浙江	9.56	9.29	14.58	8.28
安徽	0.98	7.08	11.83	4.43
福建	13.69	7.87	14.72	9.98

表 4-20（续）

地区	2001—2005 年	2006—2010 年	2011—2015 年	2016—2019 年
江西	5.77	4.49	9.75	4.99
山东	2.73	3.52	12.77	4.27
河南	1.89	2.45	10.27	5.35
湖北	12.34	9.15	12.97	6.26
湖南	11.43	9.21	17.19	6.41
广东	18.45	11.55	15.96	15.45
广西	15.21	7.76	6.21	4.46
海南	12.94	10.31	9.88	11.03
重庆	5.82	6.41	3.51	3.49
四川	1.73	1.13	5.33	5.93
贵州	7.55	6.58	18.96	10.98
云南	7.14	5.39	9.80	5.99
西藏	7.04	4.46	31.00	1.03
陕西	13.48	8.29	10.41	3.94
甘肃	8.02	3.13	6.48	0.92
青海	8.11	3.20	12.76	1.19
宁夏	0.06	3.01	10.12	−0.46
新疆	7.78	5.77	11.09	47.96
全国平均	7.90	6.00	11.69	7.37
东部地区平均	10.95	7.97	12.69	10.51
中部地区平均	5.92	6.07	12.51	4.94
西部地区平均	6.84	4.77	11.01	7.46
东北地区平均	5.96	4.20	9.40	1.34

③ 版权资本存量的省际占比分析

如表 4-21 所示，2000—2019 年期间，东部地区的版权资本存量占比从 51.70% 上升到 64.71%，中部地区的占比从 23.66% 下降到 17.98%，西部地区的占比从 16.99% 下降到 13.64%，东北地区的占比从 7.65% 下降到 3.67%。

表 4-21　代表性年份我国区域版权资本存量测度

地区	2000 年		2005 年		2010 年		2015 年		2019 年	
	总额/亿元	占比/%	总额/亿元	占比/%	总额/亿元	占比/%	总额/亿元	占比/%	总额/亿元	占比/%
东部	1 003.17	51.70	1 541.69	54.63	2 239.84	56.98	4 013.30	58.86	6 547.05	64.71
中部	459.03	23.66	596.22	21.13	806.08	20.51	1 478.95	21.69	1 818.72	17.98
西部	329.56	16.99	478.38	16.95	636.40	16.19	966.41	14.17	1 379.85	13.64
东北	148.50	7.65	205.98	7.30	248.29	6.32	359.63	5.27	371.80	3.67

④ 版权资本变异系数分析

如表 4-22 所示,2000—2019 年期间东部、中部和西部地区的变异系数都在上升,从 2000 年的 0.80、0.37、0.70 上升到 2019 年的 0.88、0.48、0.82,说明这 4 个地区内部版权资本存量的分布差距在扩大,而东北地区的变异系数在下降,从 2000 年的 0.44 下降到 2019 年的 0.18,其差距在缩小。从全国来看,变异系数也在不断上升,从 2000 年的 0.87 上升到 2019 年的 1.21,全国整体差距在扩大。

表 4-22　代表性年份我国区域版权资本存量变异系数测度

地区	2000 年	2005 年	2010 年	2015 年	2019 年
东部	0.80	0.75	0.73	0.66	0.88
中部	0.37	0.29	0.33	0.44	0.48
西部	0.70	0.71	0.76	0.71	0.82
东北	0.44	0.55	0.49	0.29	0.18
全国	0.87	0.85	0.89	0.89	1.21

5. 创新性资本总量测度

根据研发资本存量、矿藏勘探资本存量、创意资本存量和版权资本存量的测度结果,创新性资本总量等于上述 4 类资本存量之和。

（1）创新性资本存量省际分布分析

如表 4-23 所示,2019 年我国创新性资本存量排名前 3 的分别是北京、广东和江苏;排名前 7 位的分别是北京、广东、江苏、上海、浙江、山东和湖北,占全国的 63.2%;排名后 5 位的分别是内蒙古、海南、宁夏、青海和西藏,只占全国的 1.1%。

表 4-23　代表性年份我国省际创新性资本存量测度　　　　单位:亿元

地区	2000 年	2005 年	2010 年	2015 年	2019 年
北京	718.84	1 794.44	4 337.76	10 364.99	15 816.74
天津	291.79	469.02	1 014.68	2 109.32	3 394.79
河北	220.19	367.61	750.39	1 446.18	2 313.43
山西	87.49	167.12	375.73	887.29	1 079.29
内蒙古	72.47	107.63	396.39	578.73	604.83
辽宁	394.45	650.41	1 237.58	1 811.18	1 863.50
吉林	115.98	235.33	400.10	594.91	614.97
黑龙江	124.60	255.23	511.40	689.00	758.26
上海	560.13	1 262.28	2 669.98	4 755.93	9 697.07
江苏	480.30	1 140.03	2 725.12	6 247.59	10 298.83
浙江	304.83	755.92	1 876.68	5 428.28	7 922.46
安徽	168.81	309.55	701.86	1 637.72	3 288.51
福建	93.03	247.80	603.55	1 677.29	3 387.94
江西	96.95	182.62	392.29	840.96	1 786.23
山东	441.02	817.44	1 982.87	4 425.89	6 765.04
河南	245.88	382.34	813.42	1 582.98	2 577.24
湖北	197.17	456.84	1 124.17	2 359.06	4 587.68
湖南	129.34	284.57	709.63	1 694.13	4 050.97
广东	497.86	1 284.23	3 158.69	7 873.56	12 671.96
广西	62.46	132.47	284.32	502.81	1 219.92
海南	15.12	29.30	68.46	140.77	201.49
重庆	157.99	288.59	533.70	1 026.96	1 537.20
四川	387.32	641.54	1 294.06	2 304.11	3 763.41
贵州	39.78	84.74	187.90	633.42	1 310.91
云南	95.91	178.50	329.42	585.36	1 017.79
西藏	3.53	7.64	20.91	40.61	60.08
陕西	250.31	484.21	1 023.81	1 679.00	2 712.83
甘肃	81.21	171.16	264.45	428.97	617.91
青海	34.35	40.46	75.01	129.54	132.43
宁夏	22.98	32.62	68.92	165.49	188.56
新疆	158.37	283.68	512.87	773.71	1 007.56
合计	6 550.46	13 545.32	30 446.12	65 415.74	107 249.83

（2）创新性资本存量增长趋势分析

如表 4-24 所示，从增长率趋势来看，31 个省市自治区创新性资本存量平均增长率呈现先上升后下降的趋势，但总体下降比较缓慢，其中 2001—2005 年阶段为 14.25%，2006—2010 年阶段为 17.04%，2011—2015 年阶段为 15.13%，2016—2019 年阶段为 11.88%。就 4 大区域平均增长率来说，东部、中部和西部 3 个区域的平均增长率呈现先上升后下降的趋势，但东北地区呈现持续下降的趋势。就个别省份来说，2016—2019 年阶段东部地区上海、江苏、广东和北京的平均增长率依次是 19.78%、13.31%、12.64% 和 11.20%。

表 4-24　我国省际创新性资本平均增长率分析　　　单位：%

地区	2001—2005 年	2006—2010 年	2011—2015 年	2016—2019 年
北京	20.08	19.42	19.18	11.20
天津	10.00	16.69	15.79	12.66
河北	10.82	15.44	14.05	12.56
山西	13.83	17.60	18.93	5.02
内蒙古	8.27	30.20	7.95	1.15
辽宁	10.53	13.75	8.07	0.73
吉林	15.21	11.22	8.30	0.85
黑龙江	15.46	15.04	6.29	2.42
上海	17.65	16.21	12.30	19.78
江苏	18.87	19.04	18.07	13.31
浙江	19.94	19.98	24.09	9.95
安徽	12.90	17.80	18.56	19.05
福建	21.67	19.50	22.91	19.25
江西	13.51	16.57	16.49	20.73
山东	13.17	19.43	17.45	11.20
河南	9.23	16.34	14.30	13.04
湖北	18.32	19.77	16.14	18.21
湖南	17.11	20.13	19.06	24.43
广东	20.94	19.73	20.09	12.64
广西	16.23	16.53	12.19	25.60
海南	14.17	18.56	15.61	9.46
重庆	12.83	13.12	14.00	10.62

表 4-24（续）

地区	2001—2005 年	2006—2010 年	2011—2015 年	2016—2019 年
四川	10.63	15.30	12.56	13.37
贵州	16.33	17.41	28.21	20.87
云南	13.25	13.23	12.22	14.92
西藏	16.83	22.89	14.48	11.47
陕西	14.14	16.20	10.43	12.91
甘肃	16.39	9.13	10.22	9.67
青海	3.78	13.16	12.22	0.57
宁夏	7.30	16.14	20.04	3.47
新疆	12.42	12.71	8.68	7.07
全国平均	14.25	17.04	15.13	11.88
东部地区平均	16.73	18.40	17.96	13.20
中部地区平均	14.15	18.04	17.25	16.75
西部地区平均	12.37	16.33	13.60	10.97
东北地区平均	13.74	13.34	7.55	1.33

（3）创新性资本存量的省际占比分析

如表 4-25 所示，2000—2019 年期间，东部地区的创新性资本存量占比从 58.77% 上升到 70.02%，中部地区的占比从 15.01% 上升到 16.78%，西部地区的占比从 15.92% 下降到 10.06%，东北地区的占比从 10.30% 下降到 3.13%。

表 4-25　代表性年份我国区域创新性资本存量测度

地区	2000 年		2005 年		2010 年		2015 年		2019 年	
	总额/亿元	占比/%	总额/亿元	占比/%	总额/亿元	占比/%	总额/亿元	占比/%	总额/亿元	占比/%
东部	3 623.09	58.77	8 168.06	63.29	19 188.2	65.81	44 469.8	70.46	72 469.7	70.02
中部	925.64	15.01	1 783.03	13.81	4 117.11	14.12	9 002.14	14.26	17 369.9	16.78
西部	981.41	15.92	1 814.72	14.06	3 701.74	12.70	6 549.63	10.38	10 416.0	10.06
东北	635.03	10.30	1 140.96	8.84	2 149.08	7.37	3 095.08	4.90	3 236.73	3.13

（4）创新性资本变异系数分析

4 大区域的创新性资本变异系数如表 4-26 所示。2000—2019 年期间东部和中部两大区域的变异系数都在上升，从 2000 年的 0.60、0.40 上升到 2019 年的 0.69、0.46,说明这两个区域内部创新性资本存量的分布差距在扩大;而西部、东北地区的变异系数在下降,从 2000 年的 0.91、0.75 下降到 2019 年的 0.90、0.63,其差距在缩小。从全国来看,变异系数也在不断上升,从 2000 年的 0.86 上升到 2019 年的 1.13,全国整体差距在扩大。

表 4-26　代表性年份我国区域创新性资本存量变异系数测度

地区	2000 年	2005 年	2010 年	2015 年	2019 年
东部	0.60	0.68	0.69	0.72	0.69
中部	0.40	0.38	0.41	0.38	0.46
西部	0.91	0.94	0.94	0.87	0.90
东北	0.75	0.62	0.63	0.66	0.63
全国	0.86	0.99	1.05	1.16	1.13

三、经济能力资本测度

1. 品牌资本存量测度

（1）数据来源与处理

① 品牌资本包括企业品牌广告推广投入和企业市场推广研究投入两部分。其中广告推广投入指标借鉴 Corrado 等（2005）的估计方法,将我国各省份广告经营额的 60% 作为广告推广投入。数据来源于 2001—2015 年《中国广告年鉴》和 2016—2020 年《中国文化及相关产业统计年鉴》。企业市场推广研究投入借鉴郑世林、杨梦俊（2020）的估计方法,将租赁和商务服务业收入的 9.6% 作为企业市场推广研究投入,数据来源于 2006—2020 年《中国第三产业统计年鉴》。② 折旧率的确定。本书借鉴郑世林、杨梦俊（2020）的估计方法,设定 2000—2012 年折旧率为 0.63,2013—2019 年折旧率为 0.45,作为测度品牌资本的分段折旧率。③ 品牌资本价格指数确定。由于品牌资本分别基于广告收入和租赁商务服务收入等衡量,只需要选择消费者价格指数进行平减,用来扣除物价因素,计算实际的品牌资本存量。④ 基年资本存量的确定。按照研发基年资本存量的确定做法,计算基年品牌资本存量。

（2）品牌资本测度结果分析

① 品牌资本存量省际分布分析

如表 4-27 所示,2019 年我国品牌资本存量排名前 3 的分别是山东、江苏、北京,3 个地区的品牌资本存量分别是 3 039.53 亿元、2 811.70 亿元和 2 399.36 亿元;排名前 7 位的分别是山东、江苏、北京、广东、天津、湖南和河北,占全国的 54.0%;排名后 5 位的分别是山西、青海、海南、西藏和宁夏,只占全国的 1.5%。

表 4-27 代表性年份我国省际品牌资本存量测度 单位:亿元

地区	2000 年	2005 年	2010 年	2015 年	2019 年
北京	86.28	262.64	445.76	1 834.23	2 399.36
天津	16.66	50.10	367.29	1 384.85	2 126.05
河北	17.53	47.42	134.58	528.46	1 531.65
山西	3.70	11.50	50.83	125.25	142.20
内蒙古	3.71	11.27	52.67	164.17	227.96
辽宁	57.44	90.64	384.99	720.37	244.10
吉林	11.73	28.98	73.31	241.51	373.81
黑龙江	15.96	28.14	76.42	266.67	279.40
上海	100.90	261.34	367.69	667.29	748.10
江苏	57.87	152.10	426.28	1 825.46	2 811.70
浙江	67.72	148.75	281.14	1 025.15	1 362.86
安徽	16.79	38.99	114.95	607.64	1 173.69
福建	19.46	45.84	180.40	507.20	700.94
江西	8.63	26.61	107.40	436.09	1 012.14
山东	54.80	116.98	277.90	1 367.19	3 039.53
河南	19.66	53.25	76.66	566.79	1 083.51
湖北	9.69	36.54	159.67	808.57	1 086.57
湖南	12.02	39.60	104.03	790.02	2 053.73
广东	87.68	240.63	376.86	1 093.98	2 341.42
广西	7.67	19.27	70.41	403.09	1 000.42
海南	1.23	4.20	16.19	32.17	74.24
重庆	174.31	236.61	87.32	259.52	566.99
四川	19.43	44.21	153.07	422.24	997.69
贵州	4.10	10.10	14.30	174.11	1 407.79
云南	7.38	15.57	32.17	163.19	244.81
西藏	0.11	2.10	2.96	15.04	70.24
陕西	24.12	21.04	91.71	280.36	586.91

表 4-27（续）

地区	2000 年	2005 年	2010 年	2015 年	2019 年
甘肃	5.99	12.29	26.42	128.86	155.86
青海	0.83	2.20	4.21	64.07	113.51
宁夏	0.76	2.09	3.88	29.19	37.96
新疆	5.21	14.91	19.68	108.22	179.45
合计	919.37	2 075.91	4 581.15	17 040.95	30 174.59

② 品牌资本存量增长趋势分析

如表 4-28 所示,从增长率趋势来看,全国品牌资本存量平均增长率呈现先上升后下降的趋势,其中 2001—2005 年阶段为 22.41%,2006—2010 年阶段为 23.28%,2011—2015 年阶段为 36.75%,2016—2019 年阶段为 17.07%,2011—2015 年积累较快,随后进入了缓慢增长的阶段。全国 4 大区域也呈现先上升后下降的趋势,其中西部积累较快;2011—2015 年和 2016—2019 年两个阶段,东北地区的增长率均低于其他地区,特别是 2016—2019 年的增长率为—2.28%。就个别省份来说,贵州的增长较快;2016—2019 年阶段辽宁的平均增长率为—23.37%,下降较快。

表 4-28　我国省际品牌资本平均增长率分析　　　　单位:%

地区	2001—2005 年	2006—2010 年	2011—2015 年	2016—2019 年
北京	25.70	11.27	35.28	6.97
天津	24.68	51.67	31.43	12.15
河北	22.07	27.76	36.05	30.83
山西	27.35	36.53	22.51	6.67
内蒙古	25.11	42.29	29.17	10.69
辽宁	9.64	34.57	14.36	—23.37
吉林	19.93	23.42	29.41	13.68
黑龙江	12.04	25.86	29.97	2.85
上海	22.73	7.57	13.06	2.96
江苏	21.47	23.01	34.42	11.89
浙江	17.10	13.66	30.43	7.68
安徽	18.40	24.29	40.13	18.78
福建	18.75	31.71	23.51	8.52

表 4-28（续）

地区	2001—2005 年	2006—2010 年	2011—2015 年	2016—2019 年
江西	25.32	32.57	32.98	23.87
山东	16.41	20.15	37.86	22.54
河南	22.12	8.62	51.35	17.90
湖北	30.78	36.19	40.02	8.51
湖南	27.26	23.02	53.61	27.03
广东	22.46	9.59	23.95	20.99
广西	20.27	31.04	41.84	27.24
海南	28.03	43.41	17.28	24.49
重庆	6.31	−12.66	28.45	21.90
四川	18.36	30.10	23.12	24.17
贵州	23.56	11.19	68.39	71.14
云南	16.21	17.99	39.32	13.27
西藏	89.17	16.23	51.54	47.52
陕西	−1.88	38.88	26.93	20.38
甘肃	15.54	23.69	40.63	5.67
青海	21.46	15.56	89.11	18.56
宁夏	24.32	16.37	58.38	7.05
新疆	24.15	6.21	44.74	16.71
全国平均	22.41	23.28	36.75	17.07
东部地区平均	21.94	23.98	28.33	14.90
中部地区平均	25.21	26.87	40.10	17.12
西部地区平均	23.55	19.74	45.14	23.69
东北地区平均	13.87	27.95	24.58	−2.28

③ 品牌资本存量的省际占比分析

如表 4-29 所示，2000—2019 年期间，东部地区的品牌资本存量占比从 56.56% 上升到 58.72%，中部地区的占比从 7.82% 上升到 22.45%，西部地区的占比从 26.19% 下降到 15.76%，东北地区的占比从 9.44% 下降到 3.07%。

表 4-29　代表性年份我国区域品牌资本存量测度

地区	2000 年		2005 年		2010 年		2015 年		2019 年	
	总额/亿元	占比/%	总额/亿元	占比/%	总额/亿元	占比/%	总额/亿元	占比/%	总额/亿元	占比/%
东部	510.12	56.56	1 329.98	65.37	2 874.08	64.85	10 265.9	61.76	17 135.8	58.72
中部	70.50	7.82	206.49	10.15	613.55	13.84	3 334.35	20.06	6 551.84	22.45
西部	236.21	26.19	350.47	17.22	409.75	9.25	1 794.84	10.80	4 597.92	15.76
东北	85.12	9.44	147.76	7.26	534.72	12.06	1 228.54	7.39	897.32	3.07

④ 品牌资本变异系数分析

如表 4-30 所示,2000—2019 年期间中部地区的变异系数先下降后上升,从 2000 年的 0.49 上升到 2019 年的 0.56,中部地区内部品牌资本存量的分布差距在扩大;而东部、西部、东北的变异系数呈下降趋势,从 2000 年的 0.69、2.49 和 0.89 下降到 2019 年的 0.58、1.13 和 0.22,其差距在缩小。从全国来看,变异系数也在不断下降,从 2000 年的 1.32 下降到 2019 年的 0.88,全国整体差距在缩小。

表 4-30　代表性年份我国区域品牌资本存量变异系数测度

地区	2000 年	2005 年	2010 年	2015 年	2019 年
东部	0.69	0.73	0.48	0.58	0.58
中部	0.49	0.41	0.36	0.46	0.56
西部	2.49	2.25	0.97	0.80	1.13
东北	0.89	0.73	1.00	0.66	0.22
全国	1.32	1.20	0.93	0.91	0.88

2. 培训资本存量测度

(1) 数据来源与处理

① 培训资本是企业特定人力资本投入的价值积累,根据 Corrado 等 (2005),郑世林、杨梦俊(2020)的估计方法,使用就业人员工资总额的 1.46% 估计培训资本,数据来源于 2001—2020 年的《中国统计年鉴》。② 折旧率的确定。本书借鉴郑世林、杨梦俊(2020)的估计方法,设定 2000—2012 年折旧率为 0.45,2013—2019 年折旧率为 0.43,作为测度培训资本的分段折旧率。③ 培训资本价格指数确定。培训资本基于市场工资总额衡量,只需要选择消费者价格

指数进行平减,用来扣除物价因素,计算实际的培训资本存量。④ 基年资本存量的确定。按照研发基年资本存量的确定做法,计算基年培训资本存量。

（2）培训资本测度结果分析

① 培训资本存量省际分布分析

如表 4-31 所示,2019 年我国培训资本存量排名前 3 的分别是广东、北京、江苏,3 个地区的培训资本存量分别是 417.01 亿元、282.05 亿元和 264.16 亿元;排名前 7 位的分别是广东、北京、江苏、上海、浙江、山东和河南,培训资本存量占全国的 53.6%;排名后 5 位的分别是甘肃、海南、宁夏、青海和西藏,培训资本存量只占全国的 2.6%。

表 4-31　代表性年份我国省际培训资本存量测度　　单位:亿元

地区	2000 年	2005 年	2010 年	2015 年	2019 年
北京	14.03	38.82	96.54	193.53	282.05
天津	5.63	10.54	23.08	52.01	61.66
河北	9.97	17.62	34.66	68.98	84.63
山西	5.56	13.66	27.31	50.95	63.26
内蒙古	4.09	9.48	18.80	37.37	45.64
辽宁	12.39	20.84	39.21	76.03	80.03
吉林	6.48	9.30	16.51	35.94	43.06
黑龙江	9.99	16.38	27.08	46.78	52.99
上海	13.85	23.33	58.93	153.91	214.15
江苏	16.16	30.96	64.23	205.80	264.16
浙江	10.02	32.52	77.89	158.87	205.41
安徽	6.32	12.00	26.25	60.59	90.78
福建	7.45	16.33	35.92	84.19	113.70
江西	4.69	9.00	18.26	49.62	67.12
山东	15.26	35.50	68.25	152.21	186.51
河南	11.20	22.89	45.33	99.71	128.20
湖北	9.62	15.72	33.26	75.87	101.18
湖南	8.40	14.47	31.02	63.28	85.39
广东	22.75	53.35	102.22	278.59	417.01
广西	4.87	10.11	20.10	41.73	58.54
海南	1.30	2.66	5.37	11.56	16.07

表 4-31（续）

地区	2000 年	2005 年	2010 年	2015 年	2019 年
重庆	3.83	8.63	19.49	52.24	68.37
四川	10.10	18.61	37.40	91.81	125.02
贵州	3.21	7.04	14.01	35.79	52.24
云南	6.15	9.31	19.32	43.29	64.24
西藏	0.51	1.17	2.37	5.53	9.47
陕西	5.80	11.98	25.68	58.99	78.23
甘肃	4.10	6.80	11.33	26.09	35.29
青海	1.20	1.86	3.51	6.90	9.81
宁夏	1.24	2.49	4.54	9.08	11.30
新疆	5.47	9.58	17.32	40.24	50.31
合计	241.64	492.95	1 025.19	2 367.58	3 165.82

② 培训资本存量增长趋势分析

如表 4-32 所示,从增长率趋势来看,全国培训资本存量平均增长率呈现先上升后下降的趋势,其中 2001—2005 年阶段为 14.89%,2006—2010 年阶段为 15.29%,2011—2015 年阶段为 17.76%,2016—2019 年阶段为 7.36%。在 4 个阶段中,2001—2005 年、2006—2010 年、2011—2015 年积累较快,2016—2019 年阶段进入了缓慢增长的阶段。就 4 大区域来说,4 大区域均呈现先上升后下降的趋势,其中东北地区 2016—2019 年阶段的增长率只有 3.04%;就个别省份来说,2016—2019 年阶段江苏的平均增长率只有 6.46%,与北京、广东和上海的差距在逐步扩大。

表 4-32　我国省际培训资本平均增长率分析　　　　　单位:%

地区	2001—2005 年	2006—2010 年	2011—2015 年	2016—2019 年
北京	23.00	20.07	14.94	9.88
天津	13.50	17.00	17.97	4.36
河北	12.18	14.52	14.80	5.27
山西	20.14	14.88	13.40	5.57
内蒙古	18.58	14.71	14.85	5.13
辽宁	11.09	13.50	14.37	1.30
吉林	7.54	12.21	16.98	4.65

表 4-32（续）

地区	2001—2005 年	2006—2010 年	2011—2015 年	2016—2019 年
黑龙江	10.50	10.70	11.61	3.18
上海	11.22	20.61	21.48	8.62
江苏	14.02	15.75	27.55	6.46
浙江	27.27	19.14	15.38	6.64
安徽	13.83	17.00	18.34	10.71
福建	17.36	17.09	18.87	7.83
江西	14.15	15.29	22.25	7.86
山东	18.77	14.00	17.54	5.23
河南	15.64	14.71	17.16	6.54
湖北	10.44	16.50	18.08	7.48
湖南	11.66	16.53	15.39	7.78
广东	18.83	13.92	22.62	10.61
广西	16.09	14.78	15.85	8.84
海南	15.61	15.23	16.62	8.58
重庆	17.86	17.73	22.09	6.97
四川	13.21	15.01	19.95	8.03
贵州	17.45	14.86	20.70	9.93
云南	8.79	15.78	17.60	10.43
西藏	19.12	16.22	19.35	14.41
陕西	15.97	16.53	18.23	7.32
甘肃	10.76	10.81	18.42	7.85
青海	9.46	13.54	14.62	9.19
宁夏	15.36	12.86	15.07	5.63
新疆	12.06	12.61	18.44	5.75
全国平均	14.89	15.29	17.76	7.36
东部地区平均	17.18	16.73	18.78	7.35
中部地区平均	14.31	15.82	17.44	7.66
西部地区平均	14.56	14.62	17.93	8.29
东北地区平均	9.71	12.14	14.32	3.04

③ 培训资本存量的省际占比分析

如表 4-33 所示,2000—2019 年期间,东部地区的培训资本存量占比从 49.84% 上升到 60.57%,中部地区的占比从 19.60% 下降到 17.59%,西部地区的占比从 18.21% 下降到 16.06%,东北地区的占比从 12.35% 下降到 5.78%。

表 4-33　代表性年份我国区域培训资本存量测度

地区	2000 年		2005 年		2010 年		2015 年		2019 年	
	总额/亿元	占比/%	总额/亿元	占比/%	总额/亿元	占比/%	总额/亿元	占比/%	总额/亿元	占比/%
东部	116.41	49.84	261.63	54.81	567.10	57.18	1 359.6	59.62	1 845.3	60.57
中部	45.79	19.60	87.73	18.38	181.42	18.29	400.01	17.54	535.93	17.59
西部	42.52	18.21	81.48	17.07	160.51	16.18	362.28	15.88	489.46	16.06
东北	28.85	12.35	46.52	9.75	82.79	8.35	158.75	6.96	176.07	5.78

④ 培训资本变异系数分析

4 大区域的培训资本变异系数如表 4-34 所示。2000—2019 年期间东部和东北两个地区的变异系数都在上升,从 2000 年的 0.52、0.31 上升到 2019 年的 0.65、0.33,两个地区内部培训资本存量的分布差距在扩大;西部区域内部培训资本存量的分布差距也在逐渐扩大;而中部地区的变异系数略微下降,从 2000 年的 0.33 下降到 2019 年的 0.27,其差距在缩小。从全国来看,变异系数也在不断上升,从 2000 年的 0.65 上升到 2019 年的 0.89,全国整体差距在扩大。

表 4-34　代表性年份我国区域培训资本存量变异系数测度

地区	2000 年	2005 年	2010 年	2015 年	2019 年
东部	0.52	0.57	0.56	0.60	0.65
中部	0.33	0.32	0.30	0.28	0.27
西部	0.54	0.55	0.60	0.64	0.63
东北	0.31	0.38	0.41	0.39	0.33
全国	0.65	0.75	0.77	0.84	0.89

3. 组织资本存量测度

(1) 数据处理与来源

① 组织资本是一个地区的内部组织管理支出的价值积累,根据 Corrado 等

(2005),郑世林、杨梦俊(2020)的估计方法,使用就业人员工资总额的 5.12% 估计管理者工资,进一步使用管理者工资的 20% 计算组织资本投资,数据来源于 2001—2020 年的《中国统计年鉴》。② 本书借鉴郑世林、杨梦俊(2020)的估计方法,设定 2000—2012 年折旧率为 0.45,2013—2019 年折旧率为 0.43,作为测度组织资本的分段折旧率。③ 组织资本价格指数确定。组织资本基于市场工资总额衡量,只需要选择消费者价格指数进行平减,用来扣除物价因素,计算实际的组织资本存量。④ 基年资本存量的确定。如研发基年资本存量的确定做法,计算基年组织资本存量。

(2)组织资本测度结果分析

① 组织资本存量省际分布分析

如表 4-35 所示,2019 年我国组织资本存量排名前 3 的分别是广东、北京、江苏,3 个地区的组织资本存量分别是 356.46 亿元、242.57 亿元和 230.19 亿元;排名前 7 位的分别是广东、北京、江苏、上海、浙江、山东和河南,组织资本存量占全国的 53.5%;排名后 5 位的分别是甘肃、海南、宁夏、青海和西藏,组织资本存量只占全国的 2.6%。

表 4-35　代表性年份我国省际组织资本存量测度　　单位:亿元

地区	2000 年	2005 年	2010 年	2015 年	2019 年
北京	9.85	27.24	67.70	159.02	242.57
天津	3.94	7.39	16.18	42.97	54.20
河北	6.98	12.36	24.31	56.82	74.01
山西	3.89	9.58	19.15	42.38	55.22
内蒙古	2.86	6.65	13.19	30.90	39.92
辽宁	8.69	14.61	27.50	63.05	71.12
吉林	4.53	6.52	11.58	29.48	37.90
黑龙江	7.02	11.48	18.99	38.77	47.02
上海	9.72	16.37	41.34	125.96	184.19
江苏	11.33	21.71	45.05	165.87	230.19
浙江	7.02	22.81	54.63	131.11	178.98
安徽	4.43	8.42	18.42	49.82	77.62
福建	5.22	11.46	25.20	69.46	98.75

表 4-35（续）

地区	2000 年	2005 年	2010 年	2015 年	2019 年
江西	3.29	6.31	12.81	40.32	58.17
山东	10.70	24.90	47.88	124.90	163.79
河南	7.86	16.05	31.80	81.61	112.20
湖北	6.75	11.02	23.33	61.97	87.97
湖南	5.90	10.15	21.74	52.15	73.90
广东	15.95	37.43	71.70	226.00	356.46
广西	3.42	7.09	14.10	34.03	50.54
海南	0.91	1.87	3.77	9.44	13.87
重庆	2.68	6.05	13.66	42.65	59.54
四川	7.07	13.05	26.23	74.97	108.16
贵州	2.25	4.94	9.82	29.21	44.99
云南	4.32	6.52	13.56	35.58	55.50
西藏	0.36	0.81	1.67	4.40	7.95
陕西	4.06	8.40	18.01	48.30	67.92
甘肃	2.87	4.77	7.95	21.28	30.62
青海	0.84	1.31	2.46	5.71	8.44
宁夏	0.87	1.75	3.18	7.51	9.87
新疆	3.84	6.72	12.15	32.99	44.00
合计	169.42	345.74	719.06	1 938.63	2 745.58

② 组织资本存量增长趋势分析

如表 4-36 所示，从增长率趋势来看，全国组织资本存量平均增长率呈现先上升后下降的趋势，其中 2001—2005 年阶段为 14.89%，2006—2010 年阶段为 15.30%，2011—2015 年阶段为 21.59%，2016—2019 年阶段为 8.91%。在 4 个阶段中，2011—2015 年积累较快，但 2016—2019 年进入了缓慢增长的阶段。就 4 大区域来说，4 大区域均呈现先上升后下降的趋势，其中东北地区 2016—2019 年阶段的增长率只有 4.85%。就个别省份来说，2016—2019 年阶段的平均增长率江苏只有 8.57%、北京为 11.14%、广东为 12.07%、上海为 9.97%。

表 4-36　我国省际组织资本平均增长率分析　　　　　单位：%

地区	2001—2005 年	2006—2010 年	2011—2015 年	2016—2019 年
北京	22.99	20.05	18.72	11.14
天津	13.55	16.99	21.85	5.99
河北	12.23	14.53	18.60	6.86
山西	20.18	14.88	17.35	6.84
内蒙古	18.74	14.71	18.78	6.62
辽宁	11.08	13.51	18.38	3.06
吉林	7.56	12.24	20.87	6.51
黑龙江	10.43	10.72	15.51	4.97
上海	11.23	20.60	25.32	9.97
江苏	14.04	15.75	31.56	8.57
浙江	27.29	19.14	19.23	8.10
安徽	13.83	17.00	22.24	11.77
福建	17.38	17.08	22.70	9.21
江西	14.13	15.28	26.05	9.62
山东	18.76	14.00	21.43	7.04
河南	15.64	14.71	20.97	8.34
湖北	10.44	16.52	21.87	9.18
湖南	11.63	16.52	19.25	9.11
广东	18.85	13.92	26.52	12.07
广西	16.03	14.80	19.60	10.41
海南	15.70	15.15	20.37	10.12
重庆	17.94	17.73	25.90	8.73
四川	13.25	15.01	23.87	9.60
贵州	17.43	14.86	24.48	11.43
云南	8.75	15.82	21.42	11.82
西藏	18.42	16.56	22.51	15.97
陕西	16.02	16.55	22.11	8.91
甘肃	10.85	10.80	22.24	9.54

表 4-36（续）

地区	2001—2005 年	2006—2010 年	2011—2015 年	2016—2019 年
青海	9.62	13.50	18.54	10.28
宁夏	15.49	12.78	18.96	7.08
新疆	12.04	12.60	22.22	7.49
全国平均	14.89	15.30	21.59	8.91
东部地区平均	17.20	16.72	22.63	8.91
中部地区平均	14.31	15.82	21.29	9.14
西部地区平均	14.55	14.64	21.72	9.82
东北地区平均	9.69	12.16	18.25	4.85

③ 组织资本存量的省际占比分析

如表 4-37 所示,2000—2019 年期间,东部地区的组织资本存量占比从 49.65% 上升到 60.41%,中部地区的占比从 19.54% 下降到 17.59%,西部地区的占比从 18.49% 下降到 16.09%,东北地区的占比从 12.32% 下降到 5.90%。

表 4-37　代表性年份我国区域组织资本存量测度

地区	2000 年		2005 年		2010 年		2015 年		2019 年	
	总额/亿元	占比/%	总额/亿元	占比/%	总额/亿元	占比/%	总额/亿元	占比/%	总额/亿元	占比/%
东部	81.62	49.65	183.54	54.67	397.77	57.08	1 111.5	59.48	1 597.0	60.41
中部	32.12	19.54	61.53	18.33	127.24	18.26	328.25	17.57	465.08	17.59
西部	30.40	18.49	58.02	17.28	113.78	16.33	297.57	15.92	425.31	16.09
东北	20.24	12.32	32.61	9.71	58.08	8.33	131.30	7.03	156.04	5.90

④ 组织资本变异系数分析

4 大区域的组织资本变异系数如表 4-38 所示。2000—2019 年期间东部、西部、东北 3 个地区的变异系数均呈上升趋势,从 2000 年的 0.52、0.52、0.31 上升到 2019 年的 0.64、0.63、0.33,3 个地区内部组织资本存量的分布差距在扩大;中部地区的变异系数略微下降,从 2000 年的 0.33 下降到 2019 年的 0.27,其差距在缩小。从全国来看,变异系数也在不断上升,从 2000 年的 0.65 上升到 2019 年的 0.88,全国整体差距在扩大。

表 4-38　代表性年份我国区域组织资本存量变异系数测度

地区	2000 年	2005 年	2010 年	2015 年	2019 年
东部	0.52	0.57	0.56	0.59	0.64
中部	0.33	0.32	0.30	0.28	0.27
西部	0.52	0.52	0.58	0.63	0.63
东北	0.31	0.38	0.41	0.40	0.33
全国	0.65	0.75	0.77	0.83	0.88

4. 经济能力资本总量测度

根据品牌资本存量、培训资本存量、组织资本存量的测度结果,经济能力资本总量等于上述 3 类资本存量之和。

(1) 经济能力资本存量省际分布分析

如表 4-39 所示,2019 年我国经济能力资本存量排名前 3 的分别是山东、江苏和广东,3 个省的经济能力资本存量分别是 3 389.83 亿元、3 306.05 亿元和 3 114.89 亿元;排名前 7 位的分别是山东、江苏、广东、北京、天津、湖南和浙江,经济能力资本存量占全国的 52.5%;排名后 5 位的分别是甘肃、青海、海南、西藏和宁夏,经济能力资本存量只占全国的 1.7%。

表 4-39　代表性年份我国省际经济能力资本存量测度　　单位:亿元

地区	2000 年	2005 年	2010 年	2015 年	2019 年
北京	110.15	328.69	609.99	2 186.78	2 923.98
天津	26.23	68.04	406.55	1 479.83	2 241.90
河北	34.47	77.40	193.55	654.25	1 690.29
山西	13.15	34.73	97.29	218.58	260.68
内蒙古	10.66	27.39	84.66	232.44	313.52
辽宁	78.51	126.09	451.71	859.45	395.25
吉林	22.74	44.80	101.40	306.93	454.78
黑龙江	32.96	56.01	122.48	352.22	379.41
上海	124.47	301.04	467.96	947.16	1 146.44
江苏	85.36	204.77	535.57	2 197.14	3 306.05
浙江	84.76	204.07	413.66	1 315.13	1 747.25
安徽	27.55	59.40	159.62	718.05	1 342.09

表 4-39（续）

地区	2000 年	2005 年	2010 年	2015 年	2019 年
福建	32.12	73.63	241.53	660.85	913.38
江西	16.61	41.92	138.46	526.02	1 137.43
山东	80.76	177.37	394.03	1 644.31	3 389.83
河南	38.72	92.20	153.79	748.11	1 323.90
湖北	26.06	63.29	216.26	946.42	1 275.73
湖南	26.32	64.21	156.79	905.45	2 213.01
广东	126.38	331.41	550.77	1 598.58	3 114.89
广西	15.97	36.47	104.62	478.85	1 109.50
海南	3.44	8.73	25.33	53.17	104.18
重庆	180.81	251.29	120.48	354.41	694.90
四川	36.59	75.87	216.70	589.02	1 230.88
贵州	9.56	22.07	38.13	239.11	1 505.01
云南	17.85	31.39	65.04	242.06	364.55
西藏	0.99	4.08	6.99	24.97	87.65
陕西	33.98	41.41	135.40	387.64	733.07
甘肃	12.95	23.86	45.70	176.23	221.76
青海	2.87	5.37	10.17	76.67	131.75
宁夏	2.87	6.33	11.61	45.77	59.13
新疆	14.53	31.21	49.15	181.45	273.76
合计	1 330.39	2 914.54	6 325.39	21 347.05	36 085.95

（2）经济能力资本存量增长趋势分析

如表 4-40 所示，从增长率趋势来看，全国经济能力资本存量平均增长率呈现先上升后下降的趋势，其中 2001—2005 年阶段为 17.59%，2006—2010 年阶段为 19.22%，2011—2015 年阶段为 29.80%，2016—2019 年阶段为 15.09%。在 4 个阶段中，2011—2015 年经济能力资本存量积累较快，2016—2019 年进入了缓慢增长的阶段。就 4 大区域来说，4 大区域均呈现先上升后下降的趋势，其中东北地区 2016—2019 年阶段的增长率只有 −0.86%。就个别省份来说，2016—2019 年阶段的平均增长率江苏为 11.13%、北京为 7.55%、广东为 18.17%、上海为 4.92%。

表 4-40　我国省际经济能力资本平均增长率分析　　　单位:%

地区	2001—2005 年	2006—2010 年	2011—2015 年	2016—2019 年
北京	24.99	13.20	30.69	7.55
天津	21.04	44.90	30.42	11.69
河北	17.62	22.04	29.91	27.08
山西	21.86	23.26	18.30	5.74
内蒙古	20.97	26.52	24.07	8.83
辽宁	10.01	29.75	14.56	−17.35
吉林	14.57	19.29	26.15	11.82
黑龙江	11.22	17.98	24.40	2.94
上海	20.51	9.63	15.42	4.92
江苏	19.22	21.27	33.04	11.13
浙江	19.32	15.22	26.48	7.56
安徽	16.68	21.92	35.46	17.57
福建	18.16	26.91	22.52	8.48
江西	20.44	27.20	31.03	21.59
山东	17.14	17.88	33.35	20.16
河南	19.05	10.97	38.11	15.50
湖北	19.54	28.93	35.23	8.41
湖南	19.75	20.21	43.75	25.07
广东	21.36	10.83	23.94	18.17
广西	18.08	24.06	35.65	24.71
海南	20.65	27.10	16.83	18.84
重庆	6.81	−9.16	25.53	18.53
四川	15.97	24.13	22.54	20.33
贵州	19.22	12.13	45.35	60.10
云南	12.07	16.28	30.33	11.77
西藏	33.99	13.05	32.55	37.22
陕西	4.27	28.07	24.61	17.32
甘肃	13.04	15.14	32.66	6.38

表 4-40（续）

地区	2001—2005 年	2006—2010 年	2011—2015 年	2016—2019 年
青海	13.46	14.06	57.06	16.82
宁夏	17.57	13.30	33.07	6.73
新疆	16.76	9.66	30.69	12.33
全国平均	17.59	19.22	29.80	15.09
东部地区平均	20.00	20.90	26.26	13.56
中部地区平均	19.56	22.08	33.65	15.65
西部地区平均	16.02	15.60	32.84	20.09
东北地区平均	11.93	22.34	21.70	−0.86

（3）经济能力资本存量的省际占比分析

如表 4-41 所示,2000—2019 年期间,东部地区的经济能力资本存量占比从 54.65％上升到 59.03％,中部地区的占比从 11.45％上升到 21.67％,西部地区的占比从 23.54％下降到 15.78％,东北地区的占比从 10.36％下降到 3.53％。

表 4-41　代表性年份我国区域经济能力资本存量测度

地区	2000 年		2005 年		2010 年		2015 年		2019 年	
	总额 /亿元	占比 /％	总额 /亿元	占比 /％	总额 /亿元	占比 /％	总额 /亿元	占比 /％	总额 /亿元	占比 /％
东部	708.14	54.65	1 775.16	62.47	3 838.94	62.80	12 737.2	61.35	20 578.1	59.03
中部	148.41	11.45	355.74	12.52	922.21	15.09	4 062.61	19.57	7 552.84	21.67
西部	305.07	23.54	483.91	17.03	675.98	11.06	2 444.63	11.77	5 500.63	15.78
东北	134.22	10.36	226.89	7.98	675.59	11.05	1 518.60	7.31	1 229.44	3.53

（4）经济能力资本变异系数分析

如表 4-42 所示,2000—2019 年期间东部区域的变异系数在下降,从 2000 年的 0.62 下降到 2019 年的 0.55,意味着东部区域内部经济能力资本存量的分布差距在缩小;西部和东北两个地区内部经济能力资本存量的分布差距也在缩小;而中部地区的变异系数略微上升,从 2000 年的 0.37 上升到 2019 年的 0.49,其差距在扩大。从全国来看,变异系数在不断下降,从 2000 年的 1.03 下降到 2019 年的 0.84,全国整体差距在缩小。

表 4-42　代表性年份我国区域经济能力资本存量变异系数测度

地区	2000 年	2005 年	2010 年	2015 年	2019 年
东部	0.62	0.66	0.47	0.54	0.55
中部	0.37	0.34	0.25	0.40	0.49
西部	1.96	1.68	0.82	0.74	1.01
东北	0.66	0.58	0.87	0.61	0.10
全国	1.03	1.03	0.86	0.86	0.84

四、我国区域知识资本存量综合测度

根据知识资本存量构成,以及计算机信息资本存量、创新性资本存量和经济能力资本存量测度结果,可以得到我国区域知识资本存量综合测度结果。

1. 区域知识资本排名分析

如表 4-43 所示,2019 年我国区域知识资本存量排名前 3 位的分别是北京、广东和江苏,2015 年排名前 3 位的也是北京、广东和江苏,没有变动。相比较 2015 年,2019 年知识资本存量排名上升的有河北、上海、安徽、福建、湖北、湖南、广西、重庆、四川、贵州、青海、天津、云南等 13 个地区,说明这 13 个地区知识资本存量上升的速度大于相邻地区。江苏虽然这两年都是排在第 3 位,排名没变,但知识资本存量没有北京和广东两地增长快,与广东、北京的差距在扩大。东北的辽宁、黑龙江、吉林的知识资本存量排名下降较快,表明这 3 个地区知识资本存量上升速度远小于其他地区。

表 4-43　代表性年份我国省际知识资本存量综合指数排名情况

地区	2005 年	2005 年排名	2010 年	2010 年排名	2015 年	2015 年排名	2019 年	2019 年排名
北京	3 214.46	1	7 979.13	1	16 886.00	1	28 026.20	1
天津	588.66	11	1 784.19	8	4 500.28	8	7 394.88	7
河北	450.52	14	1 045.16	15	2 274.05	16	4 298.14	14
山西	203.59	23	484.30	24	1 120.45	21	1 366.71	23
内蒙古	145.58	26	504.33	23	831.79	26	926.57	26
辽宁	972.16	7	2 571.14	7	5 184.47	7	3 515.31	17
吉林	351.08	19	707.92	19	1 281.72	19	1 530.40	21
黑龙江	355.51	18	733.61	18	1 145.80	20	1 198.91	25

表 4-43（续）

地区	2005 年	2005 年排名	2010 年	2010 年排名	2015 年	2015 年排名	2019 年	2019 年排名
上海	1 836.53	2	4 143.74	4	8 429.78	6	15 504.13	4
江苏	1 482.46	4	5 817.29	3	14 536.02	3	21 286.93	3
浙江	1 128.19	6	3 037.11	6	9 124.29	4	14 393.56	5
安徽	380.87	16	910.60	17	2 473.56	15	4 997.62	13
福建	435.42	15	1 409.99	12	3 773.79	11	6 756.10	10
江西	245.47	22	591.20	20	1 437.25	18	3 004.89	18
山东	1 157.44	5	3 296.70	5	8 688.81	5	13 945.07	6
河南	481.44	13	1 074.63	14	2 548.13	14	4 178.78	15
湖北	549.93	12	1 485.05	10	3 837.94	10	7 024.38	9
湖南	375.45	17	950.61	16	2 767.11	13	6 647.47	11
广东	1 831.22	3	6 406.67	2	15 968.73	2	26 381.59	2
广西	174.74	25	420.23	25	1 055.19	22	2 624.89	20
海南	39.96	30	98.04	28	220.87	28	521.05	28
重庆	595.44	10	1 089.86	13	2 153.02	17	3 649.37	16
四川	776.62	8	1 543.50	9	4 349.23	9	7 340.51	8
贵州	114.67	27	278.57	27	948.59	24	3 000.60	19
云南	246.10	21	542.35	22	878.54	25	1 508.90	22
西藏	11.72	31	27.90	31	65.58	31	147.73	31
陕西	632.38	9	1 472.24	11	2 922.15	12	5 438.72	12
甘肃	202.21	24	333.17	26	631.93	27	881.85	27
青海	45.88	28	85.39	29	207.22	30	265.78	29
宁夏	41.10	29	83.75	30	218.87	29	265.66	30
新疆	325.99	20	589.86	21	1 003.58	23	1 347.26	24
合计	19 392.79	—	51 498.23	—	121 464.74	—	199 369.96	—

2. 知识资本存量趋势分析

如表 4-44 所示,从增长率趋势来看,全国知识资本存量平均增长率呈现先上升后下降的趋势,其中 2001—2005 年阶段为 16.69%,2006—2010 年阶段为 19.53%,2011—2015 年阶段为 18.24%,2016—2019 年阶段为 13.63%。在 4 个阶段中,2006—2010 年和 2011—2015 年 2 个阶段知识资本存量积累较快,在

2016—2019 年进入了缓慢增长的阶段。就 4 大区域来说，东部、西部和中部均呈现先上升后下降的趋势，而东北地区则呈现持续下降的趋势，其中 2016—2019 年阶段的增长率为 -0.97%。就个别省份来说，2016—2019 年阶段平均增长率江苏为 10.08%，与北京的 13.56%、广东的 13.38% 和上海的 16.55% 存在一定的差距。

表 4-44　我国省际知识资本平均增长率分析　　　　单位：%

地区	2001—2005 年	2006—2010 年	2011—2015 年	2016—2019 年
北京	29.25	20.00	16.36	13.56
天津	12.26	24.87	20.41	13.28
河北	12.07	18.39	16.89	17.28
山西	15.07	18.95	18.42	5.16
内蒙古	11.61	28.49	10.69	2.90
辽宁	15.18	21.66	15.57	-9.08
吉林	20.28	15.11	12.63	4.78
黑龙江	17.52	15.75	9.44	1.39
上海	20.89	17.71	15.44	16.55
江苏	21.10	31.56	20.21	10.08
浙江	22.79	21.99	24.76	12.07
安徽	14.03	19.05	22.15	19.31
福建	28.05	26.60	21.93	15.68
江西	16.45	19.25	19.46	20.30
山东	16.17	23.37	21.46	12.59
河南	11.07	17.45	18.89	13.18
湖北	19.72	22.06	21.05	16.34
湖南	18.91	20.44	24.00	24.55
广东	23.61	28.66	20.17	13.38
广西	17.21	19.25	20.23	25.59
海南	15.15	19.94	17.75	23.97
重庆	11.85	13.43	14.68	14.91
四川	12.96	14.88	23.63	15.40
贵州	18.11	19.51	28.42	33.83
云南	16.37	17.34	10.14	17.53

表 4-44（续）

地区	2001—2005 年	2006—2010 年	2011—2015 年	2016—2019 年
西藏	21.15	19.33	19.09	22.64
陕西	14.75	18.49	14.71	16.96
甘肃	16.08	10.52	13.69	8.79
青海	4.61	13.25	20.50	6.90
宁夏	9.68	15.32	21.58	5.05
新疆	13.52	12.70	11.26	7.72
全国平均	16.69	19.53	18.24	13.63
东部地区平均	20.13	23.31	19.54	14.84
中部地区平均	15.88	19.53	20.66	16.47
西部地区平均	13.99	16.88	17.39	14.85
东北地区平均	17.66	17.51	12.54	−0.97

3. 知识资本存量结构分析

从全国区域知识资本存量整体结构来看（图 4-1），经济能力资本存量占比在 2006—2010 年阶段略微降低，但在 2011—2015 年阶段开始增长，在 2016—2019 年阶段趋于平稳，经济能力资本存量占比总体仍然比较低。随着我国互联

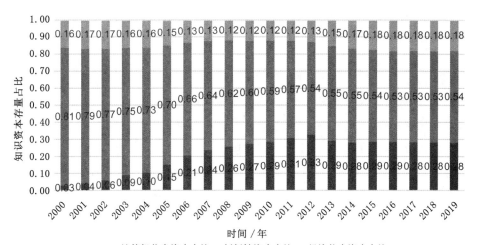

图 4-1 我国区域知识资本存量结构分析

网、数字经济战略的实施,计算机信息资本占比逐年增加,在 2016—2019 年阶段趋于平稳。创新性资本占比呈现下降的趋势,从 2000—2005 年阶段约占 70%~80% 的比例,下降到 2016—2019 年阶段的 54%。从整体结构来看,知识资本存量结构趋于平衡。

从各个省份来看,经济能力资本短缺现象比较严重,2019 年广东的经济能力资本占比 12%,江苏占比 16%,北京占比 10%。同时,中西部的计算机信息资本占比较低,2019 年中部地区计算机信息资本平均占比 7%,西部地区平均占比 11%。因此,应加大经济能力资本和计算机信息资本投资,优化知识资本结构。

4. 知识资本存量地区分析

如表 4-45 所示,2000—2019 年期间,东部地区的经济能力资本存量占比从 58.52% 上升到 72.13%,中部地区的占比从 14.06% 上升到 14.17%,西部地区的占比从 17.28% 下降到 10.45%,东北地区的占比从 10.14% 下降到 3.25%。我国知识资本向东部地区集中,区域不平衡问题十分严重。

表 4-45 代表性年份我国区域知识资本存量占比

地区	2000 年		2005 年		2010 年		2015 年		2019 年	
	总额/亿元	占比/%	总额/亿元	占比/%	总额/亿元	占比/%	总额/亿元	占比/%	总额/亿元	占比/%
东部	4 498.07	58.52	12 164.86	65.34	35 018.02	70.09	84 402.62	72.06	138 507.65	72.13
中部	1 080.37	14.06	2 236.74	12.01	5 496.39	11.00	14 184.45	12.11	27 219.84	14.17
西部	1 328.42	17.28	2 538.83	13.64	5 431.69	10.87	10 921.49	9.32	20 063.36	10.45
东北	779.72	10.14	1 678.74	9.02	4 012.66	8.03	7 611.99	6.50	6 244.62	3.25

5. 知识资本与物质资本比较分析

使用永续盘存法对我国省际物质资本进行测度,对比分析我国区域知识资本与物质资本,结果如表 4-46 所示。我国区域知识资本存量与物质资本存量的差异为东部地区差异较小,中西部地区差异较大,其中北京的差异最小,知识资本是物质资本的 67.21%,依次是上海 28.79%、浙江 16.93%、广东 16.66%、天津 15.94%、江苏 14.88%,江苏与北京和上海差距比较明显。知识资本的积累主要依赖于创新、人才流动,东部地区经济发展较快,知识资本流动较容易,而中西部地区发展相对滞后,知识资本流动受到的障碍更多,导致知识资本向东部集聚,中西部更多地向物质资本投资,而知识资本投资不足,形成了地区资源严重错配。

表 4-46　我国区域知识资本与物质资本对比分析

地区	2000 年	2005 年	2010 年	2015 年	2019 年
北京	0.141 1	0.275 6	0.408 4	0.536 7	0.672 1
天津	0.111 7	0.093 7	0.108 0	0.119 8	0.159 4
河北	0.032 8	0.029 7	0.031 4	0.036 3	0.052 1
山西	0.042 4	0.034 3	0.031 2	0.036 5	0.039 3
内蒙古	0.086 6	0.023 7	0.022 2	0.016 8	0.017 7
辽宁	0.104 7	0.082 4	0.078 2	0.086 7	0.058 7
吉林	0.064 2	0.063 4	0.033 7	0.031 1	0.031 1
黑龙江	0.035 2	0.045 1	0.042 1	0.033 2	0.027 4
上海	0.077 4	0.112 6	0.147 2	0.211 7	0.287 9
江苏	0.048 7	0.053 5	0.097 1	0.137 6	0.148 8
浙江	0.042 9	0.054 7	0.078 9	0.146 9	0.169 3
安徽	0.055 1	0.048 5	0.050 0	0.066 7	0.091 0
福建	0.027 4	0.042 2	0.055 5	0.072 4	0.085 0
江西	0.055 3	0.039 9	0.041 9	0.055 5	0.078 9
山东	0.046 4	0.040 4	0.051 7	0.074 2	0.093 8
河南	0.048 4	0.033 9	0.025 1	0.027 6	0.032 3
湖北	0.031 8	0.046 0	0.058 9	0.073 2	0.089 0
湖南	0.034 9	0.040 1	0.041 7	0.058 2	0.100 3
广东	0.050 3	0.067 5	0.113 4	0.150 9	0.166 6
广西	0.032 1	0.030 3	0.022 3	0.025 2	0.051 0
海南	0.020 6	0.024 3	0.028 4	0.027 8	0.049 8
重庆	0.142 2	0.097 1	0.080 3	0.082 7	0.095 2
四川	0.070 2	0.064 1	0.057 7	0.086 4	0.103 6
贵州	0.022 7	0.026 7	0.033 2	0.047 4	0.086 4
云南	0.040 7	0.040 7	0.039 1	0.025 1	0.026 6
西藏	0.034 8	0.026 6	0.025 1	0.027 2	0.039 2

表 4-46（续）

地区	2000 年	2005 年	2010 年	2015 年	2019 年
陕西	0.100 6	0.090 4	0.083 6	0.080 0	0.105 3
甘肃	0.058 1	0.061 3	0.047 3	0.044 0	0.049 8
青海	0.050 3	0.030 3	0.028 2	0.024 7	0.019 3
宁夏	0.041 7	0.026 1	0.020 8	0.023 2	0.019 8
新疆	0.064 4	0.057 6	0.055 5	0.040 5	0.038 7

五、我国区域知识资本存量分项分析——以江苏与广东两省比较

1. 江苏省与广东省知识资本排名比较分析

本小节按照计算机信息资本、创新性资本与经济能力资本的知识资本构成，对江苏与广东两省进行比较，分析江苏与广东两省知识资本存量分项的差异。

表 4-47 显示，广东省有 4 个指标排名第一，而江苏省并没有排名第一的指标。江苏省排名比广东省高的指标有版权资本和品牌资本，其他指标排名均低于广东省，特别是计算机信息资本和创新性资本。江苏省与广东省相比在计算机信息资本和创新性资本方面差距明显，可以说江苏省在知识资本水平方面全面落后于广东省。根据《数字中国指数报告（2019）》，江苏省数字经济发展指数也落后于广东省。

表 4-47　2019 年江苏省与广东省知识资本排名比较分析

构成	分项	江苏排名	广东排名	排名差距
计算机信息资本	软件	3	1	−2
创新性资本	研发资本	2	1	−1
	矿藏勘探资本	19	3	−16
	创意资本	4	2	−2
	版权资本	5	6	1
经济能力资本	品牌资本	2	4	2
	培训资本	3	1	−2
	组织资本	3	1	−2

2. 知识资本投入政策的支持力度分析

表 4-48 显示了江苏省、广东省政策的支持力度分析。两个省的公共财政支出表明,教育、科学技术与文化传媒支出等 3 个指标,广东省都比江苏省高,特别是 2019 年科学技术财政支出是江苏省的 2 倍还多,表明广东省对创新资本的投入政策支持力度比较大。

表 4-48　江苏省与广东省政策的支持力度分析

	2015 年		2019 年	
	江苏	广东	江苏	广东
教育支出	1 746.20	2 040.70	2 213.84	3 210.51
科学技术支出	372.00	569.60	572.04	1168.79
文化传媒支出	196.06	194.58	264.53	350.33
资源勘探信息等支出	448.45	525.38	306.08	182.95

表 4-49 显示了江苏省与广东省以及深圳与广州两个城市在创新制度方面的政策支持。广东省及其广州市与深圳市研发补助政策的灵活性较大,首先,从奖励规模来看,江苏省给予企业 5%～10% 的普惠性财政奖励,这个奖励规模比较模糊,容易引起权力寻租。其次,从奖励性质看,普惠性奖励可能会导致投资分散,没有重点。最后,从奖励条件来看,江苏省当年享受研发费用加计扣除优惠,广东省可以参考企业上一年度经税务部门备案的可税前加计扣除的研发费用进行补助。因此,江苏省政府为创新活动的服务意识还没有完全解放,同时存在着管理体制不健全,创新活动受到行政部门权力的制约,存在多头管理现象,其中涉及科技厅、发改委、经信委、教育厅等多个部门,而且各个部门都有各自的建设职能,并未制定统一的管理模式。

表 4-49　江苏省与广东省在创新环境方面的政策支持

	奖励规模	奖励性质	奖励条件
江苏	企业给予5%～10%的普惠性财政奖励	普惠性奖励	在江苏省内注册,具有独立法人资格;企业开展的研发活动符合国家研发费用税前加计扣除政策所属范畴,且当年享受研发费用加计扣除优惠;企业当年未享受高新技术企业所得税税收优惠

表 4-49（续）

	奖励规模	奖励性质	奖励条件
广东	上一年研发经费支出达到 100 万～500 万元,补助 10 万元;500 万～1 000 万元,补助 40 万元;1 000 万～5 000 万元,补助 100 万元;5 000 万～1 亿元,补助 300 万元;1 亿～5 亿元,补助 700 万元;超过 5 亿元,补助 2 000 万元	阶梯式奖励	在广东省内(不含深圳)注册,具有独立法人资格、健全的财务管理机构和财务管理制度的企业。企业已建立研发准备金(或管理)制度,并已先行投入自筹资金开展研究开发活动。本补助资金将参考企业上一年度经税务部门备案的可税前加计扣除的研发费用进行补助,企业应先到税务机关进行研发费用加计扣除备案(不受企业是否盈利限制)。企业开展的研究开发活动应符合《国家重点支持的高新技术领域》、国家发展改革委员会等部门公布的《当前优先发展的高技术产业化重点领域指南》和各级科技行政部门发布的申报指南规定的领域和方向,且实施地在广东省内
深圳市	单个企业最高资助 1 000 万元,最低资助 0.4 万元	企业研究开发资助	支持企业建立研发准备金制度,对其按规定支出,符合加计扣除政策,且属于《国家重点支持的高新技术领域》的研发项目,经审核后,按上年度研发实际支出,予以一定比例或最高 1 000 万元的事后支持
广州市	企业上一年研发经费支出额不足 1 亿元的,按支出额的 5% 给予补助;1 亿～5 亿元的,对其中 1 亿元给予 500 万元补助,其余部分按支出额的 2.5% 给予补助;5 亿～10 亿元的,对其中 5 亿元给予 1 500 万元补助,其余部分按支出额的 2% 给予补助;超过 10 亿元的,对其中 10 亿元给予 2 500 万元补助,其余部分按支出额的 1% 给予补助	每年对上一年度企业投入的研发经费给予补助	在广州市行政区域内设立、登记、注册并具有独立法人资格,且有自主研发经费投入和研发活动的企业

从以上分析可以看出,广东省作为我国改革开放的前沿阵地,市场化机制比较完善,高素质人才不断流向广东,广东省近年来的 GDP 总量和人口规模均处于全国首位,积累了大量知识资本。此外,广东省政府为计算机信息资本、创新性资本与经济能力资本的积累提供了大量扶持政策,政府简政放权,加强制度创新,市场化意识较强,环境保障到位,且对人力资本的激励力度较大,吸引了大量的知识资本流向广东。江苏省知识资本存量较高的原因在于其在知识

创新、产品创新、工艺创新、制度创新各方面表现较为平均。江苏省在地理位置上接近上海,并且有机契入长三角地区综合发展,其国际化程度和利用外资发展态势不断提升。同时,江苏省持续发挥科教、人才资源优势,扩大"校企联盟"规模,科技进步贡献率在六成左右,加之其本身人口规模和经济体量较大,使江苏省的区域创新能力持续处于全国领先地位。

第五章 我国区域知识资本
空间溢出效应实证研究

当前我国经济正处于百年未有之大变局的发展阶段,探寻符合我国的高质量发展模式成为当务之急。在数字经济高速发展和双碳目标约束的新形势下,要实现经济的高质量发展,就必须立足于创新驱动,提升区域知识资本投入,发挥知识资本集聚和流动的溢出效应。

根据新经济地理理论,知识资本投入的溢出效应并不仅限于本地区,其存在显著的空间集聚和流动特征,从而使得知识资本的溢出效应扩散到邻近地区。某个区域的经济高质量发展不仅与本地区的知识资本活动有关,也与邻近地区的知识资本活动有关。知识资本在空间上集聚和流动是创新驱动的显著特征,那么知识资本的集聚和流动对经济高质量发展具有怎样的空间溢出效应呢?本章在区域知识资本存量测度的基础上,分别从知识资本的集聚和流动两个特征,探寻实现产业结构升级、能源强度与碳排放强度等高质量发展的有效途径与空间效应。

第一节 知识资本对产业结构
优化升级的空间溢出效应分析

知识资本作为战略生产要素,其投入实现积累和价值增值是动态的。第一,知识资本由计算机信息资本、创新性资本和经济能力资本等要素构成,共同参与并相互作用,实现积累和价值增值。第二,知识资本是加快技术创新和扩散推动产业结构优化升级的重要基础。技术创新与扩散通过推动市场供需关系升级和就业结构优化,进一步推动产业结构优化。第三,知识资本的外部性和共享性,有利于提高劳动力、物质资本等生产要素的生产效率,进而推动产业结构调整升级。第四,知识资本的技术创新作用,加快了对传统产业的改造和主导产业的壮大,也创造了新兴产业,产业结构得以升级。

区域知识资本在空间上的集聚和流动会对产业结构优化升级产生影响。根据增长极理论,知识资本投入要素在空间上不断集聚,随之引发知识溢出,进而带来相互间的学习,使得知识和技术向区域内高附加值的产业部门涌入,实现区域技术创新能力的提升,最终促进产业结构优化升级。第一,在数字经济时代,知识资本投入将获得更高的经济报酬,改变了本地区生产要素投入结构,也同时改变了邻近区域生产要素的相对报酬,加速了知识资本在不同产业部门间的空间集聚和流动,推动产业结构优化升级。第二,由于邻近地区具有相同的地理环境和发展特征,通过与周边区域经济、文化、人员往来交流,加快了知识资本的空间溢出效应,实现本区域与邻近区域的产业结构优化升级。第三,由于知识资本的禀赋差异,具有较高知识资本存量的区域,其较高的劳动生产率促进了本区域产业结构高度化和合理化;而邻近较低知识资本区域通过知识的引进、模仿、学习与创新,提高自身产业部门的劳动生产率。因而,知识资本的空间集聚效应和流动效应促进了产业劳动生产率的提高,为产业结构优化升级提供动力。第四,知识资本的空间集聚,也促进了产业的集聚,产业集聚进一步加快了知识资本的集聚,从而推动区域的产业结构优化升级。

一、空间计量模型设计

1. 模型设定

为实现研究目标,兼顾空间误差效应和滞后效应,以及考察空间溢出的直接效应、间接效应和总效应,采用空间杜宾模型开展实证研究。

空间杜宾模型一般形式为:

$$Y_{it} = \alpha + \rho \sum w_{ij} Y_{it} + \beta X_{it} + \gamma \sum w_{ij} X_{it} + \mu_i + \theta_i + \varepsilon_{it}, \quad \varepsilon \sim N[0, \sigma^2 I]$$

其中,W 为空间权重矩阵,一般有空间邻近矩阵、反地理距离矩阵和经济距离矩阵 3 种;若 $\gamma = 0$,则空间杜宾模型可简化为空间滞后模型;若 $\gamma + \rho\beta = 0$,则空间杜宾模型可简化为空间误差模型。

空间邻近权重矩阵(W_{01})设置:当区域 i 和区域 j 相邻时,$W_{01} = 1$;否则 $W_{01} = 0$,即:

$$W_{01} = \begin{cases} 1 & \text{区域 } i \text{ 和区域 } j \text{ 相邻,} i \neq j \\ 0 & \text{区域 } i \text{ 和区域 } j \text{ 不相邻} \end{cases}$$

反地理距离权重矩阵(W_{inv})设置:根据区域 i 和区域 j 的省会城市间公路里程表计算距离倒数,即:

$$W_{inv} = \begin{cases} \dfrac{1}{d_{ij}} & i \neq j \\ 0 & i = j \end{cases}$$

经济距离权重矩阵(W_{econ})设置:根据区域 i 和区域 j 的研究时间区间内的国内生产总值的均值计算,即:

$$W_{econ} = \begin{cases} \dfrac{\dfrac{1}{|\overline{GDP_i}| - |\overline{GDP_j}|}}{\sum\limits_{j=1}^{N} \dfrac{1}{|\overline{GDP_i}| - |\overline{GDP_j}|}} & i \neq j \\ 0 & i = j \end{cases}$$

本章以新经济地理增长模型为基础,把知识资本引入 CD 生产函数,并增加控制变量,将其转化为空间溢出效应计量模型:

$$IS_{it} = \alpha + \rho \sum w_{ij} IS_{it} + \delta ZS_{it} + \gamma \sum w_{ij} ZS_{it} + \beta X_{it} +$$

$$\gamma \sum w_{ij} X_{it} + \mu_i + \theta_i + \varepsilon_{it}$$

2. 变量设计

(1) 被解释变量

产业结构高级化指标(IS-adv),用于测度产业结构从低级阶段向高级阶段演进的程度,该指数采用付凌晖(2010)的测度方法,该指数越大,说明产业结构越高级。产业结构合理化指标(IS-ration),用于测度产业结构间的协调发展和要素的有效利用,采用干春晖等(2011)的测度方法,该指数越大,产业结构越不合理。

(2) 解释变量

知识资本存量(ZS1)见第四章的测度结果。

知识资本集聚(ZS2):借鉴 Henderson(1995)、齐亚伟和陶长琪(2014)的做法,知识资本集聚(ZS2)的测算公式为:

$$知识资本集聚 = \frac{(各区域知识资本/全国知识资本)}{各区域 \, GDP/全国 \, GDP}$$

知识资本流动(ZS3):借鉴白俊红等(2017)的做法,知识资本流动(ZS3)的测算公式为:

$$知识资本流动 = \ln ZS_i \ln ZS_j R_{ij}^{-2}$$

ZS_i 是 i 地区的知识资本存量,R_{ij} 为按照公路通行距离计算地区 i 和地区 j 的地理距离。在空间 SDM 模型中,知识资本流动回归指标取自然对数,即:

ZS3＝ln(知识资本流动＋1)。

（3）控制变量

X 是回归中的控制变量，具体包括：人均国内生产总值、人力资本水平、城市化水平、对外开放程度、金融发展水平、政府干预程度、市场化水平和环境规制强度等。

变量设计中所涉及的变量解释见表 5-1。

表 5-1　变量解释

指标	符号	测度方法
产业结构高级化	IS-adv	采用付凌晖(2010)的测度方法
产业结构合理化	IS-ration	采用干春晖等(2011)的测度方法
知识资本存量	ZS1	第四章知识资本存量测度结果的自然对数
知识资本集聚	ZS2	ZS2＝ln(知识资本集聚＋1)
知识资本流动	ZS3	ZS3＝ln(知识资本流动＋1)
人均国内生产总值	PGPD	实际 GDP/常住人口
人力资本水平	Human	6 岁及以上人口平均受教育年限： ＝(小学×6＋初中×9＋高中×12＋中职×12＋大专×15＋本科×16＋研究生×19)/6 岁及以上人口总数
城市化水平	URB	城镇化率
对外开放程度	FDI	实际 FDI/实际 GDP
金融发展水平	FIN	金融机构贷款余额/实际 GDP
政府干预程度	TCI	$TCI＝(Y_m/L_m)/(Y/L)$ Y_m 指 t 时期 i 省工业增加值；L_m 指 t 时期 i 省的 GDP；Y 指 t 时期 i 省生产总值；L 指 t 时期 i 省工业就业人数
市场化水平	Market	《中国市场化报告(2021 版)》
环境规制强度	Environ	环境规制综合指数由工业废水排放量、工业 SO_2 排放量以及工业烟尘排放量的熵值法计算

3. 数据来源

本节的数据来源于 2001—2020 年《中国统计年鉴》《中国科技统计年鉴》《中国能源统计年鉴》《中国环境统计年鉴》等，若中间数据缺失，则按照缺失值前后年份的均值进行估计。

二、实证检验与结果分析

1. 描述性统计

从表 5-2 中可看出,知识资本存量的自然对数最大值为 10.241,最小值为 3.033,中位数为 6.697,差异较大;而产业结构高级化的最大值为 5.234,最小值为 0.527,中位数为 1.018;产业结构合理化的最大值为 2.177,最小值为 −0.096,中位数为 0.658,两者的差异较大。

表 5-2　描述性统计

变量	N	Mean	p25	Median	p75	max	min
ZS	600	6.743	5.751	6.697	7.829	10.241	3.033
IS-adv	600	1.144	0.846	1.018	1.223	5.234	0.527
IS-ration	600	0.679	0.434	0.658	0.917	2.177	−0.096
PGDP	600	9.846	9.287	9.904	10.376	11.560	7.903
Human	600	2.138	2.057	2.139	2.217	2.548	1.693
Lnk	600	9.938	9.229	10.000	10.679	12.068	7.359
Eng	600	1.201	0.670	0.995	1.500	5.140	0.280
Theil	600	0.119	0.080	0.111	0.153	0.320	0.019
URB	600	50.551	40.110	48.890	58.305	89.600	23.200
FIN	600	1.637	1.090	1.429	1.978	4.728	0.630
FDI	600	2.398	0.073	0.377	1.722	64.612	0.000
TCI	600	7.156	4.898	6.808	9.497	15.439	0.937
Market	600	6.086	4.640	6.030	7.400	11.710	−1.420
Environ	600	0.532	0.114	0.324	0.840	2.585	0.000

2. 空间计量模型检验与选择

(1)空间相关性检验

根据 3 种空间权重矩阵,2000—2019 年全域莫兰指数(简称 Moran's I,莫兰指数是最常见的用于测算空间自相关的指标,是衡量变量在同一个区域内的观测值之间潜在的相互依赖性的一个重要研究指标),如表 5-3 所示。虽然产业结构高级化在部分年份的 Moran's I 没有通过检验,但高级化指标的空间相关性趋势在增加。另外,产业结构合理化指标的 Moran's I 均通过了检验,且都为正值,表现为我国区域产业结构合理化空间分布呈现集聚状态。知识资本存量的全域 Moran's I 在反地理距离权重矩阵和经济距离权重矩阵均通过检验,空间邻接权重计算的 Moran's I 也在不断增强,表明我国知识资本存量的空间集聚程度呈现增加的趋势。

表 5-3　典型年份的全域 Moran's I 检验

年份	高级化			合理化			知识资本存量		
	空间邻接矩阵	反地理距离矩阵	经济距离矩阵	空间邻接矩阵	反地理距离矩阵	经济距离矩阵	空间邻接矩阵	反地理距离矩阵	经济距离矩阵
2000	−0.136 (−0.813)	−0.071 (−0.919)	−0.102 (−0.769)	0.341 *** (3.106)	0.113 *** (3.83)	0.221 *** (2.74)	0.045 (0.652)	0.071 *** (2.694)	0.206 *** (2.533)
2005	0.303 *** (2.751)	0.084 *** (3.036)	0.114 * (1.715)	0.384 *** (3.611)	0.106 *** (3.809)	0.216 *** (2.807)	0.058 (0.756)	0.075 *** (2.817)	0.24 *** (2.913)
2010	0.031 (0.527)	−0.042 (−0.178)	0.086 (1.373)	0.529 *** (4.589)	0.141 *** (4.497)	0.218 *** (2.674)	0.119 2 (1.253)	0.098 *** (3.417)	0.297 *** (3.513)
2015	0.219 ** (2.065)	0.045 ** (2.052)	0.132 * (1.92)	0.577 *** (4.917)	0.152 *** (4.747)	0.187 ** (2.31)	0.183 7 ** (1.768)	0.115 *** (3.812)	0.288 *** (3.397)
2019	0.185 * (1.769)	0.031 * (1.662)	0.098 * (1.724)	0.464 *** (4.136)	0.11 *** (3.776)	0.14 * (1.877)	0.309 9 *** (2.790)	0.137 *** (4.390)	0.21 *** (2.575)

注:括号内是 Z 统计量值,其中符号 ***、**、* 分别表示在 1%、5% 和 10% 的水平上显著。

(2) Hausman 检验

表 5-4 的检验结果表明,产业结构高级化空间计量模型应该选择时间地区双向固定效应模型;产业结构合理化空间计量模型应该选择时间地区双向固定效应模型。

表 5-4　固定效应与随机效应模型检验

	高级化		合理化	
Hausman 检验统计量	251.19 (Prob > chi2＝0.000 0)	结论:选择固定效应模型	117.82 (Prob > chi2＝0.000 0)	结论:选择固定效应模型
地区固定效应的假设检验统计量 LR	122.26 (Prob > chi2＝0.000 0)	结论:选择双向固定效应模型	44.57 (Prob > chi2＝0.000 0)	结论:选择双向固定效应模型
时间固定效应的假设检验统计量 LR	1 115.13 (Prob > chi2＝0.000 0)	结论:选择双向固定效应模型	409.55 (Prob > chi2＝0.000 0)	结论:选择双向固定效应模型

（3）LR 和 Wald 检验

表 5-5 的 LR 和 Wald 检验表明，LR 和 Wald 检验均拒绝了 H_0，选择 SDM 模型。

表 5-5　LR 和 Wald 检验

	高级化		合理化	
Wald test for SAR	167.71（Prob > chi2＝0.000 0）	结论：拒绝 H_0，选择 SDM 模型	100.29（Prob > chi2＝0.000 0）	结论：拒绝 H_0，选择 SDM 模型
Wald test for SEM	104.21（Prob > chi2＝0.000 0）	结论：拒绝 H_0，选择 SDM 模型	79.27（Prob > chi2＝0.000 0）	结论：拒绝 H_0，选择 SDM 模型
LR test SDM SAR	149.30（Prob > chi2＝0.000 0）	结论：拒绝 H_0，选择 SDM 模型	93.57（Prob > chi2＝0.000 0）	结论：拒绝 H_0，选择 SDM 模型
LR test SDM SEM	141.30（Prob > chi2＝0.000 0）	结论：拒绝 H_0，选择 SDM 模型	105.67（Prob > chi2＝0.000 0）	结论：拒绝 H_0，选择 SDM 模型

3. 实证结果分析

（1）知识资本存量的空间效应

在空间计量模型回归分析中，知识资本存量除了对本区域产业结构高级化和合理化有直接影响外，还对邻近区域产业结构高级化和合理化产生影响。由表 5-6 的（1）、（2）和（3）列可知，3 种空间权重矩阵下，知识资本存量（ZS）的系数在 1% 显著性水平下为正，表明知识资本存量对产业结构高级化具有显著的正向直接效应。3 种空间权重矩阵加权下的知识资本存量（W·ZS）系数在 1% 显著性水平下为正，表明知识资本存量具有正向的空间效应，邻近区域对本地的产业结构高级化有正向的传导作用。另外，空间自回归系数（Spatial rho）p 值均通过了显著性检验，说明产业结构高级化对自身具有正向影响。由表 5-7 的（1）、（2）和（3）列可知，3 种空间权重矩阵下的直接效应、间接效应（空间溢出效应）和总效应都非常显著，表明本区域的知识资本投入不仅对自身产业结构高级化有促进作用，也对邻近区域的产业结构高级化有促进作用。对于产业结构合理化来说，表 5-6 和表 5-7 的（4）、（5）和（6）列也分别证实了区域知识资本投入的空间溢出效应。

因而，从知识资本投入的角度可以发现，知识资本投入提高了知识资本存量，促进了产业结构中主导产业和产品形态的升级，同时也在一定程度上优化了产业间的规模比例、企业数量配比和市场供需结构，使得产业结构得到优化升级。

表 5-6 产业结构优化升级空间计量 SDM 模型估计结果

指标	（1） 空间邻 接矩阵 IS-adv	（2） 反地理 距离矩阵 IS-adv	（3） 经济距 离矩阵 IS-adv	（4） 空间邻 接矩阵 IS-ration	（5） 反地理 距离矩阵 IS-ration	（6） 经济距 离矩阵 IS-ration
ZS	0.111 ***	0.108 ***	0.099 ***	−0.108 *	−0.120 **	−0.063
	(0.039)	(0.040)	(0.033)	(0.059)	(0.055)	(0.054)
Human	−0.056	0.235	0.035	0.467	0.565	0.616
	(0.261)	(0.271)	(0.272)	(0.409)	(0.412)	(0.419)
Lnk	−0.443 ***	−0.289 ***	−0.262 ***	0.507 ***	0.648 ***	0.724 ***
	(0.071)	(0.073)	(0.066)	(0.108)	(0.098)	(0.105)
URB	−0.024 ***	−0.022 ***	−0.026 ***	0.371 *	0.421 **	0.452 **
	(0.003)	(0.003)	(0.003)	(0.199)	(0.175)	(0.202)
Eng	0.003	0.030	−0.023	−0.287 ***	−0.133 *	−0.174 **
	(0.030)	(0.026)	(0.030)	(0.083)	(0.080)	(0.086)
Theil	0.489	1.069 **	0.511	0.158 *	0.055	0.099
	(0.465)	(0.473)	(0.476)	(0.085)	(0.085)	(0.088)
FIN	0.201 ***	0.153 ***	0.044	−0.301 ***	−0.092	−0.077
	(0.032)	(0.035)	(0.032)	(0.109)	(0.103)	(0.102)
FDI	−0.000	0.000	0.000	−0.001	−0.000	0.004
	(0.001)	(0.001)	(0.001)	(0.011)	(0.009)	(0.008)
PGDP	−0.587 ***	−0.561 ***	−0.756 ***	0.491 **	0.520 ***	0.008
	(0.123)	(0.126)	(0.124)	(0.191)	(0.178)	(0.190)
TCI	0.010 ***	0.005	0.000	0.015	0.067 **	0.119 ***
	(0.003)	(0.003)	(0.003)	(0.033)	(0.032)	(0.033)
Market	0.014 ***	0.015 ***	0.016 ***	−0.240 **	−0.188 *	0.030
	(0.005)	(0.005)	(0.005)	(0.118)	(0.113)	(0.119)
Environ	−0.019	0.004	−0.009	0.017	0.081 **	−0.010
	(0.013)	(0.015)	(0.013)	(0.037)	(0.040)	(0.036)
W·ZS	0.304 ***	0.342 ***	0.733 ***	−0.165 *	0.113	−0.462 ***
	(0.054)	(0.091)	(0.098)	(0.088)	(0.242)	(0.132)
W·Human	−1.043 *	−0.929	0.067	0.491	3.096	−1.439
	(0.572)	(0.779)	(0.708)	(0.850)	(2.022)	(1.103)

表 5-6（续）

指标	(1) 空间邻接矩阵 IS-adv	(2) 反地理距离矩阵 IS-adv	(3) 经济距离矩阵 IS-adv	(4) 空间邻接矩阵 IS-ration	(5) 反地理距离矩阵 IS-ration	(6) 经济距离矩阵 IS-ration
W·Lnk	0.462***	1.148***	−0.753***	0.941***	4.109***	−0.530*
	(0.141)	(0.192)	(0.206)	(0.228)	(0.634)	(0.291)
W·URB	0.012*	−0.011	−0.018*	1.250***	0.885	1.597***
	(0.006)	(0.007)	(0.010)	(0.398)	(1.263)	(0.571)
W·Eng	−0.647***	−0.185*	−0.332***	0.361*	2.928***	0.655***
	(0.075)	(0.109)	(0.097)	(0.199)	(0.543)	(0.250)
W·Theil	1.900**	−0.612	−2.571	−0.464***	−0.319	−0.327
	(0.869)	(1.063)	(1.629)	(0.175)	(0.439)	(0.299)
W·FIN	−0.234***	−0.125	0.051	0.392*	−0.138	−0.073
	(0.057)	(0.080)	(0.094)	(0.213)	(0.508)	(0.279)
W·FDI	0.002	0.002	−0.002	−0.004	−0.042	0.017
	(0.003)	(0.003)	(0.003)	(0.016)	(0.038)	(0.022)
W·PGDP	−1.423***	−1.287***	−1.501***	−1.467***	−3.961***	1.650***
	(0.265)	(0.343)	(0.382)	(0.400)	(0.880)	(0.497)
W·TCI	−0.005	0.010	−0.022**	0.286***	1.224***	0.134
	(0.005)	(0.008)	(0.009)	(0.060)	(0.196)	(0.114)
W·Market	−0.003	−0.004	−0.019	0.187	0.097	0.116
	(0.009)	(0.013)	(0.014)	(0.223)	(0.759)	(0.340)
W·Environ	−0.014	0.070	−0.030	−0.021	0.485**	0.040
	(0.029)	(0.047)	(0.037)	(0.081)	(0.214)	(0.101)
Spatial rho	0.102*	0.050**	0.054**	0.140**	0.050**	0.171**
	(0.056)	(0.027)	(0.027)	(0.064)	(0.075)	(0.085)
Variance sigma2_e	0.018***	0.019***	0.019***	0.046***	0.045***	0.048***
	(0.001)	(0.001)	(0.001)	(0.003)	(0.003)	(0.003)
N	600	600	600	600	600	600
r2	0.053	0.083	0.098	0.315	0.035	0.169

注：括号内是 Z 统计量的标准误差，其中符号 ***、**、* 分别表示在 1%、5% 和 10% 的水平上显著。

表 5-7　知识资本存量空间溢出效应分解

指标	(1)	(2)	(3)	(4)	(5)	(6)
	空间邻接矩阵	反地理距离矩阵	经济距离矩阵	空间邻接矩阵	反地理距离矩阵	经济距离矩阵
	IS-adv	IS-adv	IS-adv	IS-ration	IS-ration	IS-ration
LR_Direct	0.120 ***	0.112 ***	0.101 ***	−0.111 *	−0.121 **	−0.048
	(0.040)	(0.041)	(0.033)	(0.059)	(0.059)	(0.056)
LR_Indirect	0.340 ***	0.359 ***	0.731 ***	−0.208 **	0.109	−0.405 ***
	(0.058)	(0.091)	(0.097)	(0.090)	(0.178)	(0.113)
LR_Total	0.461 ***	0.471 ***	0.832 ***	−0.319 ***	−0.012	−0.453 ***
	(0.061)	(0.089)	(0.104)	(0.088)	(0.154)	(0.116)

注:括号内是 Z 统计量的标准误差,其中符号 *** 、** 、* 分别表示在 1%、5% 和 10% 的水平上显著。

（2）知识资本集聚的空间效应分析

由表 5-8 的（1）、（2）和（3）列可知,3 种空间权重矩阵下,知识资本集聚（ZS2）的系数在 1% 显著性水平下为正,表明知识资本集聚对本区域的产业结构高级化具有显著的正向直接效应。3 种空间权重矩阵加权下的知识资本集聚（W·ZS2）系数在 1% 显著性水平下为正,表明知识资本集聚具有正向的空间效应,知识资本集聚对邻近区域的产业结构高级化有正向的推动作用,即知识资本集聚到一定程度后,可以向邻近区域扩散。另外,除了经济距离权重矩阵外,其他空间自回归系数（Spatial rho）的 p 值通过了显著性检验,说明产业结构高级化对自身具有正向影响。由表 5-9 的（1）、（2）和（3）列可知,3 种空间权重矩阵下的直接效应、间接效应（空间溢出效应）和总效应都非常显著,表明本区域的知识资本集聚不仅对自身产业结构高级化有促进作用,也对邻近区域的产业结构高级化有促进作用。对于产业结构合理化来说,表 5-8 的（4）、（5）和（6）列 W·ZS2 系数显著性为负,以及表 5-9 的（4）、（5）和（6）列 LR_Indirect 显著性为负,也分别证实了区域知识资本集聚对产业结构合理化具有正向的空间溢出效应。

因而,从知识资本集聚的角度可以发现,首先,知识资本集聚推动需求结构升级,新的需求引发创造新的产业部门,进一步带动产业链延伸,带动相关产业结构调整。知识资本集聚提高了产业劳动生产率,降低了生产成本,增加产业报酬,提高职工收入,从而带动需求结构向高质量发展要求转变,进而促进产业结构优化升级。其次,知识资本集聚推动了技术创新和产品创新,增加了企业产品市场竞争优势和产出水平,有利于企业获得规模效应,吸引其他人力资本、物质资本等各类资源向高报酬的产业集中,从而改变了产业的生产结构,推动产业的交替更迭。知识资本的集聚促进了技术创新,技术创新的扩散效应则催生了相邻区域的模仿、学习,进而推动相邻区域的产业结构优化升级。

表 5-8　知识资本集聚对产业结构升级优化的空间溢出效应

指标	(1) 空间邻接矩阵 IS-adv	(2) 反地理距离矩阵 IS-adv	(3) 经济距离矩阵 IS-adv	(4) 空间邻接矩阵 IS-ration	(5) 反地理距离矩阵 IS-ration	(6) 经济距离矩阵 IS-ration
ZS2	0.109***	0.115***	0.099***	−0.109*	0.004	−0.064
	(0.039)	(0.040)	(0.033)	(0.059)	(0.054)	(0.054)
Human	−0.057	0.223	0.035	0.470	1.031**	0.615
	(0.262)	(0.272)	(0.272)	(0.409)	(0.426)	(0.419)
Lnk	−0.444***	−0.301***	−0.264***	0.508***	0.539***	0.726***
	(0.071)	(0.072)	(0.066)	(0.108)	(0.104)	(0.105)
URB	−0.024***	−0.022***	−0.026***	0.370*	0.013***	0.457**
	(0.003)	(0.003)	(0.003)	(0.199)	(0.005)	(0.202)
Eng	0.004	0.030	−0.022	−0.287***	−0.077*	−0.174**
	(0.030)	(0.026)	(0.030)	(0.083)	(0.039)	(0.087)
Theil	0.491	1.221**	0.519	0.158*	1.592**	0.100
	(0.465)	(0.475)	(0.477)	(0.085)	(0.749)	(0.088)
FIN	0.201***	0.148***	0.046	−0.300***	−0.045	−0.078
	(0.032)	(0.035)	(0.032)	(0.109)	(0.051)	(0.102)
FDI	−0.000	0.000	0.000	−0.001	0.002	0.004
	(0.001)	(0.001)	(0.001)	(0.011)	(0.002)	(0.008)
PGDP	−0.584***	−0.555***	−0.751***	0.492**	0.391**	0.005
	(0.123)	(0.125)	(0.125)	(0.191)	(0.187)	(0.190)
TCI	0.010***	0.004	0.000	0.015	0.012**	0.119***
	(0.003)	(0.003)	(0.003)	(0.033)	(0.005)	(0.033)
Market	0.014***	0.014***	0.016***	−0.240**	−0.009	0.031
	(0.005)	(0.005)	(0.005)	(0.118)	(0.008)	(0.119)

表 5-8（续）

指标	（1）空间邻接矩阵	（2）反地理距离矩阵	（3）经济距离矩阵	（4）空间邻接矩阵	（5）反地理距离矩阵	（6）经济距离矩阵
	IS-adv	IS-adv	IS-adv	IS-ration	IS-ration	IS-ration
Environ	−0.019	0.000	−0.009	0.017	0.012	−0.010
	(0.013)	(0.015)	(0.013)	(0.037)	(0.021)	(0.036)
W·ZS2	0.304***	0.359***	0.724***	−0.162*	−0.336**	−0.462***
	(0.054)	(0.085)	(0.099)	(0.088)	(0.158)	(0.132)
W·Human	−1.047*	−0.813	0.058	0.502	1.172	−1.427
	(0.572)	(0.745)	(0.709)	(0.849)	(1.331)	(1.103)
W·Lnk	0.463***	1.120***	−0.763***	0.944***	−1.233***	−0.523*
	(0.142)	(0.186)	(0.206)	(0.228)	(0.404)	(0.291)
W·URB	0.012*	−0.011	−0.017*	1.251***	0.028**	1.600***
	(0.006)	(0.007)	(0.010)	(0.398)	(0.013)	(0.570)
W·Eng	−0.645***	−0.238**	−0.328***	0.364*	−0.260*	0.659***
	(0.075)	(0.110)	(0.097)	(0.199)	(0.146)	(0.250)
W·Theil	1.910**	−0.750	−2.554	−0.464***	−2.680	−0.326
	(0.870)	(1.040)	(1.634)	(0.175)	(2.225)	(0.299)
W·FIN	−0.235***	−0.122	0.052	0.391*	−0.140	−0.072
	(0.057)	(0.078)	(0.094)	(0.213)	(0.171)	(0.279)
W·FDI	0.002	0.002	−0.002	−0.004	−0.011	0.017
	(0.003)	(0.003)	(0.003)	(0.016)	(0.007)	(0.022)
W·PGDP	−1.424***	−1.245***	−1.478***	−1.469***	3.093***	1.636***
	(0.265)	(0.339)	(0.383)	(0.399)	(0.660)	(0.496)
W·TCI	−0.005	0.010	−0.022**	0.286***	0.013	0.133
	(0.005)	(0.008)	(0.009)	(0.060)	(0.017)	(0.114)
W·Market	−0.003	−0.001	−0.019	0.186	−0.015	0.120
	(0.009)	(0.013)	(0.014)	(0.223)	(0.024)	(0.340)
W·Environ	−0.014	0.049	−0.030	−0.021	0.126*	0.040
	(0.029)	(0.044)	(0.037)	(0.081)	(0.068)	(0.101)
Spatial rho	0.104*	0.158**	0.010	0.140**	−0.158*	−0.171**
	(0.056)	(0.067)	(0.077)	(0.064)	(0.089)	(0.085)

表 5-8（续）

指标	(1)	(2)	(3)	(4)	(5)	(6)
	空间邻接矩阵	反地理距离矩阵	经济距离矩阵	空间邻接矩阵	反地理距离矩阵	经济距离矩阵
	IS-adv	IS-adv	IS-adv	IS-ration	IS-ration	IS-ration
Variance sigma2_e	0.018 ***	0.019 ***	0.019 ***	0.046 ***	0.048 ***	0.048 ***
	(0.001)	(0.001)	(0.001)	(0.003)	(0.003)	(0.003)
N	600	600	600	600	600	600
r2	0.062	0.100	0.089	0.276	0.288	0.166

注:括号内是 Z 统计量的标准误差,其中符号 ***、**、* 分别表示在 1%、5% 和 10% 的水平上显著。

表 5-9 知识资本集聚空间溢出效应分解

指标	(1)	(2)	(3)	(4)	(5)	(6)
	空间邻接矩阵	反地理距离矩阵	经济距离矩阵	空间邻接矩阵	反地理距离矩阵	经济距离矩阵
	IS-adv	IS-adv	IS-adv	IS-ration	IS-ration	IS-ration
LR_Direct	0.119 ***	0.120 ***	0.101 ***	− 0.113 *	0.014	− 0.049
	(0.040)	(0.041)	(0.033)	(0.059)	(0.057)	(0.056)
LR_Indirect	0.341 ***	0.380 ***	0.727 ***	− 0.205 **	− 0.309 **	− 0.404 ***
	(0.058)	(0.088)	(0.098)	(0.091)	(0.134)	(0.113)
LR_Total	0.459 ***	0.500 ***	0.828 ***	− 0.318 ***	− 0.295 **	− 0.453 ***
	(0.061)	(0.090)	(0.105)	(0.088)	(0.131)	(0.117)

注:括号内是 Z 统计量的标准误差,其中符号 ***、**、* 分别表示在 1%、5% 和 10% 的水平上显著。

（3）知识资本流动的空间效应分析

区域知识资本流动可以有效促进本地区与相邻地区生产要素共同产生协同效应,从而优化生产要素的资源配置结构,提高生产要素的利用效率。知识资本流动不仅促进了本地区的竞争,也通过溢出机制提高了相邻地区的竞争,提升了区域创新能力,从而促进产业结构升级优化。

由表 5-10 的（1）、（2）和（3）列可知,在反地理距离和经济距离空间权重矩阵下,知识资本流动（ZS3）的系数在 1% 显著性水平下为正,表明知识资本流动对本区域的产业结构高级化具有显著的正向直接效应。3 种空间权重矩阵加权下的知识资本流动(W·ZS3)系数在1‰显著性水平下为正,表明知识资本流动具有正向的空间效应,知识资本流动对邻近区域的产业结构高级化有正向的推动作用。另外,空间自回归系数(Spatial rho)显著性水平为负,说明产业结构高级化对自身具有负向影响。由表5-11的(1)、(2)和(3)列可知,3种空间权重矩阵下的直接效应、间接效应(空间溢出效应)和总效应都非常显著,表明本区域的知识资本流动不仅对自身产业结构高级化有促进作用,也对邻近区域的产业结构高级化有促进作用,即知识资本流动对产业结构高级化具有正的空间溢出效应。对于产业结构合理化来说,表5-10的(4)、(5)和(6)列 W·ZS3 系数显著性水平为负,以及表5-11的(4)、(5)和(6)列 LR_Indirect 显著性水平为负,也分别证实了区域知识资本流动对产业结构合理化的负向空间溢出效应。

因而,从知识资本流动的角度可以发现,知识资本流动推动了各种生产要素的流动,进而引起产业结构的转换更迭,推动产业结构的高级化。当知识资本流入小于流出时,这种状况的流动不能推动本地区产业结构的合理优化,但能推动流入地产业结构的合理化。我国发达地区的高速发展吸引了知识资本的流入大于流出,欠发达相邻地区的知识资本流入发达地区会促进发达地区的产业结构合理化。当发达地区知识资本流入达到一定程度时,也会反作用于欠发达相邻地区,促进相邻地区的产业结构合理化。

表 5-10　知识资本流动对产业结构升级优化的空间溢出效应

指标	(1) 空间邻接矩阵 IS-adv	(2) 反地理距离矩阵 IS-adv	(3) 经济距离矩阵 IS-adv	(4) 空间邻接矩阵 IS-ration	(5) 反地理距离矩阵 IS-ration	(6) 经济距离矩阵 IS-ration
ZS3	0.390	1.978***	0.533***	1.058**	1.309***	1.033***
	(0.331)	(0.275)	(0.185)	(0.521)	(0.290)	(0.295)
Human	0.299	0.025	0.306	0.414	0.557	0.476
	(0.259)	(0.233)	(0.252)	(0.416)	(0.391)	(0.406)
Lnk	−0.136*	0.035	0.015	0.532***	0.491***	0.627***
	(0.071)	(0.064)	(0.065)	(0.112)	(0.101)	(0.104)
URB	−0.844***	−0.755***	−0.300**	0.438**	0.305	−0.033
	(0.126)	(0.107)	(0.133)	(0.202)	(0.214)	(0.213)
Eng	−0.088	−0.074	−0.200***	−0.224***	−0.168**	−0.157*
	(0.054)	(0.047)	(0.053)	(0.086)	(0.078)	(0.084)

表 5-10（续）

指标	(1) 空间邻接矩阵 IS-adv	(2) 反地理距离矩阵 IS-adv	(3) 经济距离矩阵 IS-adv	(4) 空间邻接矩阵 IS-ration	(5) 反地理距离矩阵 IS-ration	(6) 经济距离矩阵 IS-ration
Theil	0.169***	0.154***	0.260***	0.207**	0.221***	0.092
	(0.053)	(0.049)	(0.053)	(0.086)	(0.086)	(0.085)
FIN	0.158**	0.077	−0.190***	−0.375***	−0.046	−0.035
	(0.070)	(0.061)	(0.060)	(0.112)	(0.098)	(0.097)
FDI	0.001	−0.005	−0.000	−0.004	0.001	0.004
	(0.007)	(0.006)	(0.005)	(0.011)	(0.008)	(0.008)
PGDP	−0.703***	−0.733***	−0.996***	0.311	0.613***	0.008
	(0.121)	(0.107)	(0.113)	(0.195)	(0.184)	(0.181)
TCI	0.030	0.061***	−0.004	0.018	0.133***	0.146***
	(0.021)	(0.019)	(0.021)	(0.035)	(0.032)	(0.033)
Market	0.097	0.090	0.193***	−0.213*	−0.130	−0.032
	(0.075)	(0.067)	(0.072)	(0.119)	(0.113)	(0.116)
Environ	−0.032	−0.007	−0.028	0.014	0.048	0.002
	(0.023)	(0.023)	(0.022)	(0.037)	(0.034)	(0.035)
W·ZS3	2.123***	0.055	4.536***	−1.886**	−3.195***	−6.359***
	(0.459)	(0.459)	(0.566)	(0.739)	(0.879)	(0.907)
W·Human	−0.056	−0.363	0.764	1.275	0.791	−1.409
	(0.537)	(0.627)	(0.665)	(0.859)	(1.206)	(1.067)
W·Lnk	0.667***	1.009***	0.608***	0.981***	−0.794**	−0.918***
	(0.136)	(0.147)	(0.182)	(0.223)	(0.340)	(0.292)
W·URB	−0.190	−1.714***	−0.391	1.227***	3.233***	2.707***
	(0.263)	(0.306)	(0.360)	(0.418)	(0.538)	(0.576)
W·Eng	−0.613***	−0.652***	−0.737***	0.433**	0.064	0.692***
	(0.125)	(0.151)	(0.153)	(0.200)	(0.242)	(0.246)
W·Theil	−0.178	−0.370***	0.072	−0.379**	0.177	−0.258
	(0.110)	(0.100)	(0.179)	(0.176)	(0.269)	(0.289)
W·FIN	0.041	0.401***	0.386**	0.294	−0.661**	−0.148
	(0.133)	(0.148)	(0.163)	(0.216)	(0.291)	(0.259)

表 5-10（续）

指标	(1)	(2)	(3)	(4)	(5)	(6)
	空间邻接矩阵	反地理距离矩阵	经济距离矩阵	空间邻接矩阵	反地理距离矩阵	经济距离矩阵
	IS-adv	IS-adv	IS-adv	IS-ration	IS-ration	IS-ration
W・FDI	0.005	0.006	0.003	0.002	−0.008	0.017
	(0.010)	(0.013)	(0.013)	(0.016)	(0.022)	(0.021)
W・PGDP	−0.617**	0.041	−1.124***	−1.549***	1.685***	0.763*
	(0.276)	(0.310)	(0.288)	(0.439)	(0.566)	(0.459)
W・TCI	0.009	0.132***	−0.137**	0.224***	0.099	0.080
	(0.036)	(0.048)	(0.067)	(0.058)	(0.109)	(0.108)
W・Market	−0.262*	−0.674***	−0.444**	0.182	0.002	0.405
	(0.141)	(0.190)	(0.203)	(0.227)	(0.332)	(0.326)
W・Environ	−0.048	0.066	−0.029	0.009	0.263**	0.060
	(0.051)	(0.068)	(0.062)	(0.082)	(0.107)	(0.099)
Spatial rho	−0.135**	−0.257***	−0.193**	0.178***	−0.196**	−0.177**
	(0.063)	(0.068)	(0.078)	(0.062)	(0.089)	(0.084)
Variance sigma2_e	0.018***	0.015***	0.017***	0.046***	0.043***	0.045***
	(0.001)	(0.001)	(0.001)	(0.003)	(0.002)	(0.003)
N	600	600	600	600	600	600
r2	0.087	0.108	0.186	0.141	0.220	0.057

注：括号内是 Z 统计量的标准误差,其中符号 ***、**、* 分别表示在 1%、5% 和 10% 的水平上显著。

表 5-11　知识资本流动空间溢出效应分解

指标	(1)	(2)	(3)	(4)	(5)	(6)
	空间邻接矩阵	反地理距离矩阵	经济距离矩阵	空间邻接矩阵	反地理距离矩阵	经济距离矩阵
	IS-adv	IS-adv	IS-adv	IS-ration	IS-ration	IS-ration
LR_Direct	0.339	2.010***	0.403**	1.004*	1.420***	1.233***
	(0.348)	(0.301)	(0.196)	(0.518)	(0.303)	(0.318)
LR_Indirect	1.879***	−0.393	3.853***	−2.001***	−2.977***	−5.767***
	(0.448)	(0.434)	(0.536)	(0.762)	(0.734)	(0.792)

表 5-11（续）

指标	(1)	(2)	(3)	(4)	(5)	(6)
	空间邻接矩阵	反地理距离矩阵	经济距离矩阵	空间邻接矩阵	反地理距离矩阵	经济距离矩阵
	IS-adv	IS-adv	IS-adv	IS-ration	IS-ration	IS-ration
LR_Total	2.218 ***	1.616 ***	4.257 ***	−0.997 *	−1.558 **	−4.534 ***
	(0.259)	(0.239)	(0.508)	(0.569)	(0.718)	(0.735)

注:括号内是 Z 统计量的标准误差,其中符号 ***、**、* 分别表示在 1%、5% 和 10% 的水平上显著。

第二节　我国区域知识资本对能源强度的空间溢出效应实证分析

知识资本通过集聚和流动应用来改变现有能源消耗方式,其本质上是用来解决能源消耗供需不平衡问题。知识资本解决能源消耗的供需问题,提高了区域能源资源配置效率,达到了降本增效的目标。知识资本的投入、集聚和流动,通过提高技术创新能力、提高能源资源配置效率、优化升级产业结构等途径降低区域能源消耗强度。知识资本促进了生产技术和流程的创新,提升了机械设备的利用效率,降低了企业的能源消耗;知识资本能有效促进企业调整能源消耗方式,提高单位产出的能源消耗;知识资本能促进产业结构的优化升级,改变高能耗产业的生产方式,优化能源消耗结构。从知识溢出的角度来看,知识资本的外溢效应使得相邻地区通过模仿、学习等方式提高技术进步,最终促进各地区技术进步加快。从知识资本的共享角度来看,知识资本的集聚和流动促进了各种生产要素的集聚和流动,进一步推动了知识资本的溢出,提高了各地区能源技术进步,降低了能源消耗。

一、能源强度测度

本章采用单位国内生产总值的能源消耗(李双杰,李春琦,2018)度量能源强度,即:

$$能源强度 = \frac{能源投入}{国内生产总值} = \frac{E}{\text{GDP}}$$

能源投入数据来源于 2001—2020 年《中国能源统计年鉴》,并对能源强度取自然对数处理。

二、空间计量相关检验

1. 空间相关性检验

根据 3 种空间权重矩阵,2000—2019 年全域 Moran's I 检验如表 5-12 所示。除了 2000 年、2005 年经济距离矩阵计算的 Moran's I 指数不显著外,其他均通过了显著性检验,且均为正值,表现我国区域能源强度空间分布呈现集聚状态。

表 5-12　典型年份的全域 Moran's I 检验

年份	空间邻接矩阵	反地理距离矩阵	经济距离矩阵
2000	0.425 4 ***	0.103 1 ***	0.026 9
	(3.748 3)	(3.539 2)	(0.711 6)
2005	0.500 5 ***	0.128 9 ***	0.095 4
	(4.337 8)	(4.181 5)	(1.498 4)
2010	0.492 2 ***	0.144 5 ***	0.114 5 *
	(4.282 3)	(4.591 9)	(1.723 9)
2015	0.456 5 ***	0.122 4 ***	0.060 0 *
	(4.013 7)	(4.043 6)	(1.799 2)
2019	0.460 7 ***	0.119 6 ***	0.036 2 *
	(4.072 7)	(3.993 0)	(1.826 9)

注:括号内是 Z 统计量值,其中符号 *** 、** 、* 分别表示在 1%、5% 和 10% 的水平上显著。

2. Hausman 检验

表 5-13 的检验结果表明,知识资本对能源强度影响的空间计量模型应该选择时间地区双向固定效应模型。

表 5-13　固定效应与随机效应模型检验

Hausman 检验统计量	1 281.60(P=0.000 0)	结论:选择固定效应模型
地区固定效应的假设检验统计量 LR	78.54(P=0.000 0)	结论:选择双向固定效应模型
时间固定效应的假设统计量 LR	1 127.36(P=0.000 0)	结论:选择双向固定效应模型

3. LR 和 Wald 检验

表 5-14 的 LR 和 Wald 检验结果表明,LR 和 Wald 检验均拒绝了 H_0,选择

SDM 模型。

表 5-14　LR 和 Wald 检验

Wald test for SAR	107.14(Prob>chi2=0.000 0)	结论:拒绝了 H₀,选择 SDM 模型
Wald test for SEM	87.36(Prob>chi2=0.000 0)	结论:拒绝了 H₀,选择 SDM 模型
LR test SDM SAR	111.40(Prob>chi2=0.000 0)	结论:拒绝了 H₀,选择 SDM 模型
LR test SDM SEM	107.32(Prob>chi2=0.000 0)	结论:拒绝了 H₀,选择 SDM 模型

三、知识资本对能源强度影响的空间计量回归结果分析

由表 5-15 的(1)、(2)和(3)列可知,3 种空间权重矩阵下,知识资本存量(ZS)的系数在 1%显著性水平下为正,表明知识资本存量对本区域能源强度具有显著的负向直接效应。除了反地理距离空间权重外,其他两个空间权重矩阵加权下的知识资本存量(W·ZS)系数在相应的显著性水平下为负,表明知识资本存量对邻近区域能源强度具有负向的空间效应,即知识资本存量向邻近区域扩散后有助于降低能源强度。表 5-15 的(4)、(5)、(6)以及(7)、(8)、(9)列分别表示了知识资本集聚和流动的空间效应结果,本区域的知识资本集聚和流动不仅对自身能源强度有抑制作用,也对邻近区域的能源强度有抑制作用。

表 5-15　知识资本对能源消耗的空间溢出效应

指标	知识资本存量			知识资本集聚			知识资本流动		
	(1)	(2)	(3)	(4)	(5)	(6)	(7)	(8)	(9)
	空间邻接矩阵	反地理距离矩阵	经济距离矩阵	空间邻接矩阵	反地理距离矩阵	经济距离矩阵	空间邻接矩阵	反地理距离矩阵	经济距离矩阵
ZS	-0.088***	-0.094***	-0.122***	-0.093***	-0.095***	-0.124***	-1.669***	-1.735***	-1.730***
	(0.029)	(0.030)	(0.024)	(0.029)	(0.030)	(0.024)	(0.473)	(0.483)	(0.418)
W·ZS	-0.069*	-0.014	-0.189***	-0.076*	-0.012	-0.189***	-1.493**	-0.225	-1.195*
	(0.041)	(0.061)	(0.064)	(0.042)	(0.061)	(0.064)	(0.724)	(1.026)	(0.645)
控制变量	控制	控制	控制	控制	控制	控制	控制	控制	控制
Spatial rho	0.091	0.071	0.319***	0.057	-0.071	-0.318***	0.094	-0.067	-0.329***
	(0.063)	(0.080)	(0.078)	(0.063)	(0.080)	(0.078)	(0.062)	(0.080)	(0.078)
Variance sigma2_e	0.011***	0.013***	0.011***	0.011***	0.013***	0.011***	0.011***	0.013***	0.011***
	(0.001)	(0.001)	(0.001)	(0.001)	(0.001)	(0.001)	(0.001)	(0.001)	(0.001)

表 5-15（续）

指标	知识资本存量			知识资本集聚			知识资本流动		
	（1）	（2）	（3）	（4）	（5）	（6）	（7）	（8）	（9）
	空间邻接矩阵	反地理距离矩阵	经济距离矩阵	空间邻接矩阵	反地理距离矩阵	经济距离矩阵	空间邻接矩阵	反地理距离矩阵	经济距离矩阵
N	600	600	600	600	600	600	600	600	600
r2	0.500	0.438	0.125	0.425	0.258	0.208	0.186	0.217	0.072

注：括号内是 Z 统计量的标准误差,其中符号 ***、**、* 分别表示在 1%、5% 和 10% 的水平上显著。

四、空间溢出效应分解

直接效应即本区域知识资本对自身能源强度的影响,表 5-16 结果表明 3 种空间距离矩阵下,知识资本存量、知识资本集聚和知识资本流动对能源强度的直接效应为负值,且在 1% 的置信水平下显著,说明知识资本的提升对自身能源强度有着显著的负向影响。

间接效应指的是本区域知识资本对相邻地区能源强度的影响。结果表明,虽然,反地理距离的知识资本对能源强度的间接效应(空间溢出效应)为负,但不显著;其他两种距离矩阵下,知识资本存量、集聚和流动的空间溢出效应均显著为负,且总效应也为负,这意味着本区域知识资本不仅对相邻地区能源强度有显著的溢出影响,相邻地区知识资本也会显著影响本区域的能源强度。

表 5-16　知识资本对能源强度的空间溢出效应分解

指标	知识资本存量			知识资本集聚			知识资本流动		
	空间邻接矩阵	反地理距离矩阵	经济距离矩阵	空间邻接矩阵	反地理距离矩阵	经济距离矩阵	空间邻接矩阵	反地理距离矩阵	经济距离矩阵
LR_Direct	−0.09***	−0.09***	−0.11***	−0.09***	−0.04***	−0.12***	−1.69***	−1.72***	−1.69***
	(0.029)	(0.031)	(0.026)	(0.029)	(0.031)	(0.026)	(0.480)	(0.501)	(0.436)
LR_Indirect	−0.081*	−0.005	−0.119**	−0.087**	−0.003	−0.119**	−1.826**	−0.152	−0.449*
	(0.045)	(0.062)	(0.057)	(0.041)	(0.062)	(0.057)	(0.741)	(0.968)	(0.269)
LR_Total	−0.17***	−0.098*	−0.23***	−0.18***	−0.096*	−0.23***	−3.51***	−1.869**	−2.138**
	(0.042)	(0.053)	(0.053)	(0.037)	(0.054)	(0.054)	(0.718)	(0.862)	(0.985)

注：括号内是 Z 统计量的标准误差,其中符号 ***、**、* 分别表示在 1%、5% 和 10% 的水平上显著。

第三节 我国区域知识资本
对碳排放的空间溢出效应实证分析

知识资本对碳减排效应有以下 3 个方面:第一,知识资本包括计算机信息资本、创新性资本和经济能力资本,各种知识资本的积累都呈现环境友好特征,能源消耗比较低。第二,知识资本可以降低其他生产要素的能源消耗,提高生产要素的生产效率。第三,知识资本可以提高技术创新能力,进而对传统产业进行升级优化,促进产业向绿色发展转型,减少能耗和碳排放。

一、碳排放强度测度

本章采用单位国内生产总值的碳排放度量碳排放强度(Shan 等,2018;谢云飞,2022),即:

$$碳排放强度 = \frac{碳排放量}{国内生产总值} = \frac{CE}{GDP}$$

其中碳排放量包括能源消耗碳排放①和水泥消耗碳排放,其计算公式为:

$$CE_{ij}^a = EC_{ij} \times NCV_i \times CC_i \times O_i$$
$$CE_{ij}^b = EC_{it} \times EF_{it}$$
$$CE = CE_{ij}^b + CE_{ij}^a$$

公式各指标的含义如表 5-17 所示。

表 5-17 碳排放计算指标相关说明

指标	含义
CE_{ij}^a	j 地区第 i 种化石燃料的碳排放量
EC_{ij}	j 地区第 i 种化石燃料的消耗量
NCV_i	第 i 种化石燃料的低位发热量
CC_i	气候变化专门委员会提供的碳排放系数
O_i	碳氧化因子
CE_{ij}^b	由水泥生产所产出的 CO_2

---

① 与能源消耗相关的碳排放主要来自农、林、牧、渔及水利业、采矿业、石油和天然气开采业等 47 个社会经济部门所消耗的原煤、洗精煤、其他洗煤、焦炉煤气等 17 种主要化石燃料。

表 5-17（续）

指标	含义
EC_{it}	水泥生产量
EF_{it}	水泥碳排放系数

各种指标数据来源于 2001—2020 年《中国能源统计年鉴》，在计量回归中取碳排放强度的自然对数处理。

二、空间计量相关检验

1. 空间相关性检验

根据 3 种空间权重矩阵，2000—2019 年全域 Moran's I 检验如表 5-18 所示。除了 2000 年、2005 年经济距离矩阵计算的 Moran's I 指数不显著外，其他均通过了显著性检验，且均为正值，表明我国区域碳排放强度空间分布呈现集聚状态。

表 5-18　典型年份的全域 Moran's I 检验

年份	空间邻接矩阵	反地理距离矩阵	经济距离矩阵
2000	0.430 9***	0.073 7***	−0.189 3
	(3.793 0)	(2.781 5)	(−1.639 5)
2005	0.453 2***	0.077 2***	−0.064 9
	(3.969 9)	(2.868 6)	(−0.321 9)
2010	0.434 3***	0.098 0***	0.129 1*
	(3.821 3)	(3.406 9)	(1.732 6)
2015	0.357 4***	0.084 1***	0.140 5*
	(3.210 8)	(3.063 6)	(1.863 0)
2019	0.374 8***	0.082 3***	0.123 0*
	(3.374 1)	(3.031 8)	(1.686 8)

注：括号内是 Z 统计量值，其中符号 ***、**、* 分别表示在 1%、5% 和 10% 的水平上显著。

2. Hausman 检验

表 5-19 的检验结果表明，知识资本对碳排放强度影响的空间计量模型应该选择时间地区双向固定效应模型。

表 5-19　固定效应与随机效应模型检验

Hausman 检验统计量	1 698.60(P=0.000 0)	结论:选择固定效应模型
地区固定效应的假设检验统计量 LR	56.98(P=0.000 0)	结论:选择双向固定效应模型
时间固定效应的假设统计量 LR	1 073.64(P=0.000 0)	结论:选择双向固定效应模型

3. LR 和 Wald 检验

表 5-20 的 LR 和 Wald 检验表明,LR 和 Wald 检验均拒绝了 H_0,选择 SDM 模型。

表 5-20　LR 和 Wald 检验

Wald test for SAR	112.71(Prob>chi2=0.000 0)	结论:拒绝了 H_0,选择 SDM 模型
Wald test for SEM	98.62(Prob>chi2=0.000 0)	结论:拒绝了 H_0,选择 SDM 模型
LR test SDM SAR	103.40(Prob>chi2=0.000 0)	结论:拒绝了 H_0,选择 SDM 模型
LR test SDM SEM	103.73(Prob>chi2=0.000 0)	结论:拒绝了 H_0,选择 SDM 模型

三、实证结果分析

1. 知识资本对区域碳排放强度的空间效应

在空间计量模型回归分析中,知识资本存量不仅对本区域碳排放强度有直接影响,还对邻近区域碳排放强度产生影响。表 5-21 的(1)、(2)和(3)列是 3 种空间权重矩阵下知识资本存量对碳排放强度的影响,知识资本存量(ZS)的系数在 1‰显著性水平下为负,表明知识资本存量对碳排放强度具有显著的负向直接效应。3 种空间权重矩阵加权下的知识资本存量(W·ZS)系数也在相应的显著性水平下为负,表明知识资本存量具有负向的空间溢出效应,邻近区域对本地的碳排放强度有负向的抑制作用。另外,空间自回归系数(Spatial rho)ρ值均通过了显著性检验,说明碳排放强度对自身区域具有正向影响。表 5-21 的(4)、(5)和(6)3 种空间权重矩阵下知识资本集聚对碳排放强度的影响,如同知识资本存量,知识资本集聚不仅对本区域的碳排放强度具有负向的抑制作用,也对邻近区域的碳排放强度有抑制作用。表 5-21 的(7)、(8)和(9)的知识资本流动也具有类似的空间效应。因而,无论是知识资本存量,还是知识资本的集聚和流动,均对碳排放强度具有抑制的空间效应。

表 5-21　碳排放强度空间计量 SDM 模型估计结果

指标	知识资本投入			知识资本集聚			知识资本流动		
	（1）	（2）	（3）	（4）	（5）	（6）	（7）	（8）	（9）
	空间邻接矩阵	反地理距离矩阵	经济距离矩阵	空间邻接矩阵	反地理距离矩阵	经济距离矩阵	空间邻接矩阵	反地理距离矩阵	经济距离矩阵
ZS	−0.104***	−0.140***	−0.105***	−0.097**	−0.136***	−0.101***	−1.807***	−1.430***	−1.430***
	(0.039)	(0.035)	(0.034)	(0.039)	(0.034)	(0.034)	(0.311)	(0.183)	(0.183)
Human	−0.196	−0.676***	−0.581**	−0.190	−0.673***	−0.578**	−0.064	−0.265	−0.265
	(0.270)	(0.261)	(0.263)	(0.271)	(0.261)	(0.263)	(0.255)	(0.255)	(0.255)
Lnk	0.306***	0.259***	0.320***	0.308***	0.245***	0.323***	0.132*	0.312***	0.312***
	(0.071)	(0.062)	(0.066)	(0.071)	(0.062)	(0.066)	(0.068)	(0.065)	(0.065)
URB	0.597***	0.543***	0.447***	0.600***	0.576***	0.448***	0.578***	0.279**	0.279**
	(0.130)	(0.110)	(0.125)	(0.131)	(0.111)	(0.125)	(0.123)	(0.136)	(0.136)
Theil	0.112**	0.144***	0.100*	0.112**	0.134**	0.101*	0.071	0.066	0.066
	(0.054)	(0.053)	(0.055)	(0.054)	(0.053)	(0.055)	(0.051)	(0.056)	(0.056)
FIN	0.140*	0.252***	0.377***	0.140*	0.251***	0.375***	0.085	0.419***	0.419***
	(0.072)	(0.064)	(0.065)	(0.072)	(0.064)	(0.065)	(0.069)	(0.064)	(0.064)
FDI	0.001	−0.005	0.000	0.001	−0.005	0.000	0.003	0.006	0.006
	(0.007)	(0.006)	(0.005)	(0.007)	(0.006)	(0.005)	(0.007)	(0.005)	(0.005)
PGDP	−0.193	−0.219**	−0.287**	−0.201	−0.226**	−0.293**	−0.421***	−0.671***	−0.671***
	(0.125)	(0.108)	(0.117)	(0.125)	(0.108)	(0.117)	(0.117)	(0.113)	(0.113)
TCI	0.032	0.055***	0.018	0.032	0.054***	0.017	−0.010	−0.014	−0.014
	(0.020)	(0.019)	(0.020)	(0.020)	(0.019)	(0.020)	(0.019)	(0.020)	(0.020)
Environ	0.003	−0.007	0.018	0.003	−0.006	0.018	0.014	0.003	0.003
	(0.025)	(0.025)	(0.023)	(0.025)	(0.025)	(0.023)	(0.023)	(0.022)	(0.022)
W·ZS	−0.150***	−0.287*	−0.403***	−0.155***	−0.383**	−0.410***	−0.729	−1.702***	−1.702***
	(0.057)	(0.148)	(0.084)	(0.057)	(0.168)	(0.084)	(0.451)	(0.560)	(0.560)
W·Human	1.040*	−0.320	0.007	1.056*	−0.743	0.010	0.080	−1.260	−1.260
	(0.560)	(1.227)	(0.701)	(0.560)	(1.247)	(0.701)	(0.525)	(0.790)	(0.790)
W·Lnk	0.176	1.076***	1.318***	0.173	0.918**	1.325***	0.294**	−0.764***	−0.764***
	(0.147)	(0.345)	(0.178)	(0.147)	(0.360)	(0.178)	(0.132)	(0.221)	(0.221)
W·URB	−0.424	2.365***	0.443	−0.436*	2.618***	0.465	0.664***	0.830**	0.830**
	(0.263)	(0.773)	(0.359)	(0.263)	(0.760)	(0.359)	(0.255)	(0.354)	(0.354)

表 5-21（续）

指标	知识资本投入			知识资本集聚			知识资本流动		
	（1）	（2）	（3）	（4）	（5）	（6）	（7）	（8）	（9）
	空间邻接矩阵	反地理距离矩阵	经济距离矩阵	空间邻接矩阵	反地理距离矩阵	经济距离矩阵	空间邻接矩阵	反地理距离矩阵	经济距离矩阵
W·Theil	0.303***	0.537**	0.691***	0.302***	0.421	0.690***	0.472***	−0.246	−0.246
	(0.116)	(0.269)	(0.177)	(0.116)	(0.276)	(0.177)	(0.107)	(0.169)	(0.169)
W·FIN	0.512***	0.600**	−0.812***	0.513***	0.528*	−0.810***	−0.032	−1.036***	−1.036***
	(0.133)	(0.312)	(0.175)	(0.134)	(0.298)	(0.175)	(0.129)	(0.187)	(0.187)
W·FDI	−0.012	0.001	−0.010	−0.011	0.003	−0.010	−0.004	0.010	0.010
	(0.011)	(0.024)	(0.014)	(0.011)	(0.024)	(0.014)	(0.010)	(0.014)	(0.014)
W·PGDP	−0.248	−2.279***	−0.554*	−0.237	−2.630***	−0.569*	−1.652***	−1.002***	−1.002***
	(0.262)	(0.531)	(0.314)	(0.262)	(0.461)	(0.313)	(0.257)	(0.364)	(0.364)
W·TCI	0.296***	0.450***	0.242***	0.297***	0.439***	0.242***	0.196***	−0.240***	−0.240***
	(0.035)	(0.119)	(0.069)	(0.035)	(0.119)	(0.069)	(0.032)	(0.068)	(0.068)
W·Environ	0.040	−0.173	0.105*	0.041	−0.159	0.106*	0.027	0.164**	0.164**
	(0.054)	(0.136)	(0.063)	(0.054)	(0.136)	(0.063)	(0.050)	(0.069)	(0.069)
Spatial rho	0.127*	−0.217	0.018	0.128*	−0.196	0.021	0.047	−0.310***	−0.310***
	(0.066)	(0.234)	(0.067)	(0.066)	(0.225)	(0.067)	(0.066)	(0.083)	(0.083)
Variance sigma2_e	0.020***	0.019***	0.020***	0.020***	0.019***	0.020***	0.018***	0.019***	0.019***
	(0.001)	(0.001)	(0.001)	(0.001)	(0.001)	(0.001)	(0.001)	(0.001)	(0.001)
N	600	600	600	600	600	600	600	600	600
r2	0.057	0.018	0.011	0.005	0.002	0.048	0.173	0.249	0.249

注:括号内是 Z 统计量的标准误差,其中符号 ***、**、* 分别表示在 1%、5% 和 10% 的水平上显著。

2. 空间溢出效应分解

直接效应即本区域知识资本对自身碳排放强度的影响,表 5-22 结果表明 3 种空间距离矩阵下,知识资本存量、知识资本集聚和知识资本流动对碳排放强度的直接效应为负值,且在相应的显著性水平下显著,说明知识资本对自身碳排放强度有着显著的负向影响。

间接效应指的是本区域知识资本对相邻地区碳排放强度的影响,表 5-22 结果表明知识资本对碳排放强度的间接效应(空间溢出效应)显著为负,且总效应也为负,这意味着本区域知识资本不仅对相邻地区碳排放强度有显著的溢出影响,相邻地区知识资本也会显著影响本区域的碳排放强度。

表 5-22　知识资本对碳排放强度影响的空间溢出效应分解

指标	知识资本投入			知识资本集聚			知识资本流动		
	（1）	（2）	（3）	（4）	（5）	（6）	（7）	（8）	（9）
	空间邻接矩阵	反地理距离矩阵	经济距离矩阵	空间邻接矩阵	反地理距离矩阵	经济距离矩阵	空间邻接矩阵	反地理距离矩阵	经济距离矩阵
LR_Direct	−0.107***	−0.136***	−0.105***	−0.101**	−0.132***	−0.101***	−1.804***	−1.369***	−1.369***
	（0.039）	（0.036）	（0.034）	（0.039）	（0.036）	（0.034）	（0.317）	（0.194）	（0.194）
LR_Indirect	−0.184***	−0.213*	−0.415***	−0.189***	−0.300**	−0.423***	−0.858*	−1.030**	−1.030**
	（0.058）	（0.120）	（0.085）	（0.059）	（0.148）	（0.086）	（0.454）	（0.458）	（0.458）
LR_Total	−0.291***	−0.349***	−0.519***	−0.290***	−0.431***	−0.524***	−2.662***	−2.399***	−2.399***
	（0.055）	（0.106）	（0.091）	（0.055）	（0.135）	（0.092）	（0.300）	（0.435）	（0.435）

注:括号内是 Z 统计量的标准误差,其中符号 ***、**、* 分别表示在 1%、5% 和 10% 的水平上显著。

3. 异质性分析

表 5-23 的(1)、(2)列显示,2010—2019 年知识资本对碳排放强度具有空间溢出效应,而 2000—2009 年不具有空间溢出效应,表明 2010—2019 年期间,我国区域知识资本不断提高,知识资本的直接作用,以及在降低能源消耗、提高技术创新能力、优化升级产业结构方面的作用越来越大。同时,知识资本向邻近区域的扩散力度也在不断增强。表 5-23 的(3)、(4)和(5)列显示,我国东部地区的知识资本不仅对自身区域碳排放具有抑制作用,也对邻近区域的碳排放具有抑制作用。由于中部地区的知识资本受到东部地区吸引,中部地区的知识资本不断流动到东部地区,因而,中部地区知识资本对自身碳排放没有影响,但对邻近区域碳排放有抑制作用。而西部区域知识资本比较薄弱,还不能产生有效的扩散能力,对自身碳排放和邻近区域碳排放不能产生抑制作用。

表 5-23　知识资本对碳排放强度影响的空间效应异质性分析

指标	（1） 2010—2019 年	（2） 2000—2009 年	（3） 东部	（4） 中部	（5） 西部
ZS	−0.065*	−0.076	−0.189***	−0.017	0.073**
	（0.038）	（0.076）	（0.025）	（0.026）	（0.029）

表 5-23（续）

指标	(1) 2010—2019 年	(2) 2000—2009 年	(3) 东部	(4) 中部	(5) 西部
Human	0.024	0.601*	−0.620***	0.355*	−0.474**
	(0.243)	(0.344)	(0.192)	(0.193)	(0.217)
Lnk	0.095	−0.435***	−0.028	−0.052	0.266***
	(0.082)	(0.146)	(0.046)	(0.050)	(0.052)
URB	0.565***	0.164	0.460***	−0.257***	0.397***
	(0.172)	(0.204)	(0.081)	(0.086)	(0.091)
Theil	−0.137***	0.270***	−0.018	0.003	0.168***
	(0.042)	(0.101)	(0.039)	(0.038)	(0.044)
FIN	0.276***	−0.004	−0.071	0.148***	0.138***
	(0.084)	(0.085)	(0.047)	(0.050)	(0.053)
FDI	0.003	−0.003	−0.000	0.005	−0.005
	(0.005)	(0.009)	(0.004)	(0.005)	(0.005)
PGDP	−1.451***	0.722***	0.798***	0.160*	−0.939***
	(0.207)	(0.242)	(0.080)	(0.088)	(0.090)
TCI	0.052***	−0.018	−0.090***	0.077***	0.066***
	(0.020)	(0.029)	(0.014)	(0.014)	(0.016)
Environ	0.036*	0.015	0.018	−0.036*	0.004
	(0.020)	(0.032)	(0.019)	(0.019)	(0.021)
W·ZS	−0.241***	0.189*	−0.484***	−0.232***	0.844***
	(0.062)	(0.103)	(0.111)	(0.054)	(0.121)
W·Human	−0.141	−0.226	−3.696***	2.129***	−0.880
	(0.526)	(0.700)	(0.905)	(0.528)	(1.024)
W·Lnk	−0.375**	−1.221***	0.302	0.428***	0.649**
	(0.167)	(0.299)	(0.253)	(0.124)	(0.283)
W·URB	0.623	−0.685	3.653***	−1.184***	1.501**
	(0.406)	(0.422)	(0.568)	(0.244)	(0.640)
W·Theil	−0.165**	−0.086	−0.476**	−0.137*	1.177***
	(0.083)	(0.203)	(0.201)	(0.082)	(0.226)
W·FIN	1.228***	−0.266	0.381*	0.261**	−0.176
	(0.173)	(0.180)	(0.229)	(0.125)	(0.258)

表 5-23（续）

指标	(1) 2010—2019 年	(2) 2000—2009 年	(3) 东部	(4) 中部	(5) 西部
W·FDI	0.001	−0.002	−0.020	−0.010	0.009
	(0.007)	(0.013)	(0.018)	(0.010)	(0.020)
W·PGDP	0.076	1.501***	−0.909**	−0.479**	−2.184***
	(0.425)	(0.568)	(0.396)	(0.201)	(0.444)
W·TCI	0.154***	0.184***	−0.042	−0.020	0.666***
	(0.038)	(0.052)	(0.089)	(0.038)	(0.100)
W·Environ	0.059	0.186**	−0.095	−0.128**	0.057
	(0.042)	(0.073)	(0.100)	(0.056)	(0.113)
Spatial rho	0.037	−0.050	0.438***	0.440***	0.616***
	(0.093)	(0.097)	(0.102)	(0.067)	(0.078)
Variance sigma2_e	0.005***	0.013***	0.010***	0.010***	0.013***
	(0.000)	(0.001)	(0.001)	(0.001)	(0.001)
N	300	300	220	120	260
r2	0.326	0.048	0.053	0.028	0.039
LR_Direct	−0.066*	−0.076	−0.209***	−0.038	0.136***
	(0.039)	(0.079)	(0.026)	(0.026)	(0.032)
LR_Indirect	−0.252***	0.183*	−0.974***	−0.411***	2.237***
	(0.059)	(0.097)	(0.223)	(0.091)	(0.528)
LR_Total	−0.318***	0.107	−1.184***	−0.449***	2.373***
	(0.065)	(0.101)	(0.223)	(0.093)	(0.541)

注:括号内是 Z 统计量的标准误差,其中符号 ***、**、* 分别表示在 1%、5%和 10%的水平上显著。

第六章　江苏省区域知识资本空间
溢出效应实证研究

　　江苏省作为我国创新产出长期处于全国前 3 的大省,对我国经济社会的发展意义重大。然而,江苏省的创新发展呈现出两个不容乐观的特点:一是各地区发展极不均衡,各县市间的创新能力差距较大,南北分化显著,苏中、苏北多县市创新活力有待提升;二是各县市间的知识资本联系不紧密,知识资本流动存在着瓶颈与制约。因此,打破行政区划界限、加强区域知识资本关联、完善区域知识资本网络,是缓解江苏省区域发展不均、实现区域间优势互补从而有效提高江苏省创新绩效的必经之路。本章从投入和产出两个层面衡量江苏省区域知识资本溢出效应,首先利用江苏省 13 个地级市的研发资本来代替知识资本的度量,使用空间计量方法测度江苏省区域知识资本的空间溢出效应;最后利用江苏省 56 个县域单元的产出数据衡量知识资本,通过空间关联网络方法,测度江苏省区域知识资本空间溢出效应,并考虑影响空间溢出的因素。通过以上分析,为实现江苏省经济的高质量发展,促进区域间协调发展,推进创新网络的同步构建和建设创新型国家的战略目标提供了政策建议和参考。

第一节　江苏省知识资本空间溢出效应分析

一、变量选择与数据来源

1. 被解释变量

　　为了考察江苏省各区域知识资本的空间溢出效应,本章选择江苏省 13 个地级市的实际人均 GDP 作为被解释变量。

2. 解释变量

　　由于江苏省地级市相关数据的限制,并不能按照我国省际测度知识资本的指标体系衡量江苏省 13 个地级市的知识资本。因此,本书只选择了 13 个地级市的研发经费支出,并通过永续盘存法,按照第五章的参数设定,测度了江苏省 13 个地级市 2010—2019 年的研发资本存量,来间接测度江苏省 13 个地级市的知识资本存量。

3. 控制变量

X 是回归中的控制变量,具体包括:就业人数、物质资本存量、对外开放程度、金融发展水平等,并取自然对数处理异方差。

4. 空间距离权重矩阵变量

本章选择江苏省 13 个地级市空间邻接矩阵和经纬度计算的空间地理距离矩阵作为空间距离权重矩阵,进行空间溢出效应分析。

5. 数据来源

本章所有数据来源于 2011—2020 年《江苏统计年鉴》,并对相应的数据进行了平减。

二、空间计量模型检验

1. 空间相关性检验

根据两种空间权重矩阵,2010—2019 年全域 Moran's I 检验如表 6-1 所示。除了人均实际 GDP 和知识资本的 Moran's I 指数不显著外,其他均通过了显著性检验,且均为正值,表现为江苏省区域人均实际 GDP 和知识资本的空间分布呈现集聚状态。

表 6-1 全域 Moran's I 检验

年份	人均实际 GDP		知识资本	
	空间邻接矩阵	反地理距离矩阵	空间邻接矩阵	反地理距离矩阵
2010	0.514 1***	0.195 9***	0.456 6***	0.178 1***
	(3.486 3)	(5.092 9)	(3.059 7)	(4.636 2)
2011	0.516 3***	0.193 7***	0.450 8***	0.177 3***
	(3.507 4)	(5.064 6)	(3.025 9)	(4.618 9)
2012	0.523 4***	0.197 0***	0.448 0***	0.176 7***
	(3.508 7)	(5.066 9)	(2.997 5)	(4.590 1)
2013	0.528 0***	0.198 6***	0.447 1***	0.177 6***
	(3.517 0)	(5.071 8)	(2.987 8)	(4.599 7)

表 6-1（续）

年份	人均实际 GDP		知识资本	
	空间邻接矩阵	反地理距离矩阵	空间邻接矩阵	反地理距离矩阵
2014	0.532 3 ***	0.204 6 ***	0.442 2 ***	0.175 6 ***
	(3.524 3)	(5.155 0)	(2.955 9)	(4.557 4)
2015	0.532 5 ***	0.203 4 ***	0.422 8 ***	0.168 3 ***
	(3.521 8)	(5.128 5)	(2.849 5)	(4.433 8)
2016	0.568 6 ***	0.218 8 ***	0.421 5 ***	0.166 6 ***
	(3.635 7)	(5.274 7)	(2.837 4)	(4.396 1)
2017	0.585 4 ***	0.222 6 ***	0.411 1 ***	0.160 7 ***
	(3.748 9)	(5.369 2)	(2.784 5)	(4.301 1)
2018	0.572 0 ***	0.215 7 ***	0.410 5 ***	0.161 6 ***
	(3.708 1)	(5.294 8)	(2.776 4)	(4.309 5)
2019	0.573 4 ***	0.223 7 ***	0.415 4 ***	0.157 4 ***
	(3.665 5)	(5.364 8)	(2.813 2)	(4.248 9)

注:括号内是 Z 统计量值,其中符号 *** 表示在 1% 的水平上显著。

2. Hausman 检验

表 6-2 的检验结果表明,通过江苏省知识资本空间溢出效应实证分析,选择时间地区双向固定效应的空间计量模型。

表 6-2   固定效应与随机效应模型检验

Hausman 检验统计量	19.60(P=0.001 5)	结论:选择固定效应模型
地区固定效应的假设检验统计量 LR	36.35(P=0.000 0)	结论:选择双向固定效应模型
时间固定效应的假设统计量 LR	352.88(P=0.000 0)	结论:选择双向固定效应模型

3. LR 和 Wald 检验

表 6-3 的 LR 和 Wald 检验结果表明,LR 和 Wald 检验均拒绝了 H_0,因而,选择空间计量的 SDM 模型。

表 6-3 LR 和 Wald 检验

Wald test for SAR	44.84(Prob>chi2=0.000 0)	结论:拒绝了 H₀,选择 SDM 模型
Wald test for SEM	41.40(Prob>chi2=0.000 0)	结论:拒绝了 H₀,选择 SDM 模型
LR test SDM SAR	39.28(Prob>chi2=0.000 0)	结论:拒绝了 H₀,选择 SDM 模型
LR test SDM SEM	44.44(Prob>chi2=0.000 0)	结论:拒绝了 H₀,选择 SDM 模型

三、实证结果分析

1. 描述性统计

(1)城市结构分析

从表 6-4 可知,10 年间江苏省 13 个地市知识资本增长最快的是宿迁市,从 2010 年的 11.27 亿元增长到 2019 年 98.41 亿元,增长了 773.2%。其次是盐城市和连云港市,增长率排在第 2 和第 3 位。前 3 位增长最快的都是苏北城市,苏南 5 个城市增长比较慢,但由于苏南城市知识资本基础比较大,苏南城市的知识资本存量总体规模上也远大于苏北几个城市,其中 2019 年苏州市的知识资本存量占全省的 25.24%,排在第 1 位;南京占 16.65%,排在第 2 位;无锡占 13.49%,排在第 3 位,这 3 个城市接近占全省的一半。2019 年苏中地区 3 个城市知识资本占比 18%,苏北占比 15%,因而,江苏省各个城市知识资本差异较大;苏南地区知识资本占比较高,苏北各个城市与苏中各个城市占比差异不大。

表 6-4 江苏省各地市知识资本增长趋势分析   单位:亿元

地区	2010 年	2012 年	2014 年	2016 年	2019 年	2019 占比/%
南京市	305.96	413.17	531.02	660.90	883.78	16.65
无锡市	297.64	400.94	494.72	561.56	716.13	13.49
徐州市	67.99	113.70	160.79	211.32	277.05	5.22
常州市	144.80	195.04	266.50	320.72	373.66	7.04
苏州市	380.29	557.81	728.36	883.66	1 339.66	25.24
南通市	119.91	185.28	263.28	326.39	454.55	8.56
连云港市	27.61	40.82	58.45	81.28	119.49	2.25
淮安市	30.02	44.68	69.54	86.86	96.51	1.82
盐城市	35.83	70.94	111.78	159.75	181.81	3.42
扬州市	90.91	119.96	159.59	192.75	249.59	4.70

表 6-4（续）

地区	2010 年	2012 年	2014 年	2016 年	2019 年	2019 占比/%
镇江市	80.03	114.32	159.37	200.79	258.82	4.88
泰州市	67.01	101.02	139.28	183.78	259.23	4.88
宿迁市	11.27	22.36	40.83	63.74	98.41	1.85

（2）增长趋势分析

从表 6-5 的江苏省 13 个地级市知识资本增长率来看,平均增长率最快的是苏北地区的宿迁市、盐城市、连云港市和徐州市,相对来说,苏南几个城市增长比较缓慢。

表 6-5　江苏省知识资本增长率　　　　　　单位:%

地区	2012 年	2014 年	2016 年	2019 年	平均增长率
南京市	35.04	28.52	24.46	33.72	30.44
无锡市	34.71	23.39	13.51	27.52	24.78
徐州市	67.22	41.41	31.43	31.10	42.79
常州市	34.70	36.63	20.35	16.51	27.05
苏州市	46.68	30.58	21.32	51.60	37.54
南通市	54.52	42.10	23.97	39.27	39.96
连云港市	47.85	43.21	39.05	47.00	44.28
淮安市	48.81	55.63	24.91	11.11	35.12
盐城市	97.99	57.56	42.92	13.81	53.07
扬州市	31.95	33.04	20.78	29.49	28.81
镇江市	42.84	39.41	25.98	28.90	34.29
泰州市	50.76	37.87	31.95	41.05	40.41
宿迁市	98.47	82.60	56.13	54.38	72.90

（3）区域结构分析

从表 6-6 可知江苏省知识资本区域结构变化,苏南知识资本存量占比在下降,从 2010 年的 73% 下降到 2019 年的 67%;期间苏中地区只增长 1%,从 2010 年的 17% 上升到 2019 年的 18%,增长比较缓慢;苏北地区占比增长比较快,从 2010 年的 10% 上升到 2019 年的 15%。

表 6-6　江苏省知识资本区域结构变化分析　　　　单位:%

年份	2010 年	2012 年	2014 年	2016 年	2019 年
苏南占比	73	71	68	67	67
苏中占比	17	17	18	18	18
苏北占比	10	12	14	15	15

通过以上分析,我们发现江苏省知识资本存在着区域发展不平衡的问题,具体表现在:① 苏南的创新人才集聚程度较高,而苏北、苏中的创新人才流失严重。在苏南地区,苏州、无锡创新人才低于南京市,创业人才较多,而南京创业人才较少。② 江苏高校系统研究机构较多,但分布极不均衡,多数集中在苏南的南京、苏州等城市,苏中与苏北高校、研究机构较少。③ 苏北的科技人员、研发机构、研发投入、科技产出等方面,远不如苏南和苏中地区。苏北连云港市的研发强度为 1.7%,盐城市的研发强度为 1.8%,苏北的高新技术产业也较为缺乏。

2. 空间计量结果

表 6-7 的(1)、(2)列是两种空间权重矩阵下知识资本存量对区域经济增长的影响结果。知识资本存量不仅对本区域经济增长有直接影响,还对邻近区域经济增长产生影响。江苏省区域知识资本存量(ln ZS)的系数在 1% 显著性水平下为负,表明知识资本存量对经济增长具有显著的正向直接效应。两种空间权重矩阵加权下的知识资本存量(W·ln ZS)系数也在相应的显著性水平下为正,表明知识资本存量具有正向的空间溢出效应,邻近区域对本地的经济增长有正向的促进作用。另外,空间自回归系数(Spatial rho)p 值均通过了显著性检验,且为正值,说明经济增长对自身区域具有正向影响作用。

表 6-7　江苏省区域知识资本空间计量 SDM 模型估计结果

指标	(1)	(2)
	空间邻接矩阵	反地理距离矩阵
ln ZS	0.018*** (0.003)	0.125*** (0.031)
ln Labor	0.052** (0.020)	0.046** (0.023)
Lnk	−0.277*** (0.049)	−0.206** (0.102)
ln FIN	−0.041(0.034)	−0.057(0.038)

表 6-7（续）

指标	(1)	(2)
	空间邻接矩阵	反地理距离矩阵
ln FDI	−0.082 *** (0.029)	−0.108 *** (0.030)
W·ln ZS	0.122 ** (0.048)	0.507 *** (0.152)
W·ln Labor	−0.153 *** (0.050)	−0.176 (0.185)
W·Lnk	−0.685 *** (0.168)	−0.277 (0.675)
W·ln FIN	0.090 (0.082)	0.492 ** (0.250)
W·ln FDI	−0.053 (0.054)	−0.133 (0.179)
Spatial rho	0.323 *** (0.112)	0.127 (0.231)
Variance sigma2_e	0.001 *** (0.000)	0.001 *** (0.000)
N	130	130
r2	0.085	0.333

注:括号内是 Z 统计量的标准误差,其中符号 *** 、** 分别表示在 1%、5%的水平上显著。

表 6-8 显示了空间溢出效应分解。在两种空间距离矩阵下,江苏省知识资本存量对经济增长的直接效应(LR_Direct)为正值,且在相应的显著性水平下显著。间接效应(LR_Indirect)系数显著为正,且总效应(LR_Total)系数也显著为正,意味着江苏省各地区知识资本不仅对相邻地区经济增长有显著的溢出影响,相邻地区知识资本也会显著影响本区域的经济增长。多年来,江苏省一直致力于高质量均衡发展,内部各区域之间的知识资本流动或扩散效应显著增强,区域发展呈现协调发展的态势,但还存在着区域知识资本分布不均衡的状态,可能会在一定程度上成为江苏省区域高质量发展的制约因素。

表 6-8　江苏省区域知识资本空间溢出效应分解

指标	空间邻接矩阵	反地理距离矩阵
LR_Direct	0.036 *** (0.007)	0.135 *** (0.034)
LR_Indirect	0.221 *** (0.063)	0.615 *** (0.231)
LR_Total	0.351 *** (0.077)	0.751 *** (0.243)

注:括号内是 Z 统计量的标准误差,其中符号 *** 表示在 1%的水平上显著。

第二节　江苏省知识资本空间关联网络分析

一、理论分析

本节基于空间相互作用理论与社会网络理论从空间集聚效应和空间扩散效应两个方面研究创新空间关联网络的演化机制。

一方面,在区域非均衡发展理论中,地区间存在要素禀赋的天然差异,创新要素亦是如此。由于创新要素具有稀缺性和趋优性,会从边际收益率低的区域向边际收益率高的区域流动,导致优质创新要素不断向创新先进的区域集聚,地区间的创新水平差距进一步地扩大,形成创新集聚(白俊红和刘怡,2020)。创新集聚的机制包括共享、匹配和知识溢出(Carlino 和 Kerr,2015)。首先,创新要素投入在集群内存在规模报酬递增效应,规模的扩大有利于细化创新分工,并形成专业化的创新服务。这使得集群内的成员可以共享服务,分担创新的成本和风险,创新效率得以提升(张可,2019)。其次,集聚存在劳动力蓄水池效应,能够吸引高技能劳动力,增加劳动力的流动性。这使得集群内劳动力市场上匹配质量提高,匹配的机会成本降低,企业在创新上的需求可以更好地得到满足(Leiponen,2005;Gerlach 等,2009)。再次,知识溢出是创新集聚的重要动力源之一。由于知识溢出具有空间局限性,知识传播和转移的效率会随着空间距离的增加而减小(Lesage 等,2007;Fischer 等,2008)。而创新集聚带来了空间上的邻近和非正式交流的平台,有利于隐性知识的传播,加快了知识交流的效率,从而激发创新产出(梁启华和何晓红,2006)。不仅如此,企业的模仿学习是其自主创新的基础,创新集聚强化了知识的溢出,降低了企业学习的成本,减少创新过程中的不确定性,为企业创新创造了良好的环境。创新集聚区域带来的空间聚集效应使得创新要素进一步受到创新集聚区域的吸引,提升自身的价值和边际产出价值,会向创新集聚区靠拢,通过知识溢出和创新合作网络等形式进一步激发自身的潜在效用直到区域容纳的极限。

另一方面,当创新集聚超过该区域容纳的极限时,要素集聚带来的拥挤效应高出创新产出的边际效应,此时创新要素会向外溢出,创新产出联系呈现出扩散趋势。空间扩散效应使得创新成果、创新资本与要素能够传播到创新落后地区,地区间的创新差距得以缩小,进而提升区域整体的创新绩效(古利平等,2006)。扩散机制的形成源于3个方面:避免集聚不经济、寻求新的发展机会和政府的政策作用。扩散的机制主要包括产品贸易、要素流动、虚拟网络与科研机构。首先,产品实际上是企业技术的凝结,产品交换的背后实际是技术的交换,因此产品贸易的过程伴随着创新集聚的扩散。落后地区可以通过学习和模仿先进地区的产品背后的先进技术来提升自己的技术水平(Grossman 和Helpman,1991)。其次,人才是创新实践的主体,因而创新扩散大多靠劳动力要素在区间的流动。由于知识溢出尤其是隐性知识常常需要面对面交流,为劳动力流动提供了人才交流的机会,促进创新的跨区交流和共享,帮助形成跨区合作网络(Autant Bernard,2011)。再次,创新可以通过网络上的社交软件、文献检索等方式拓宽扩散范围,有利于人才形成群体关联并建立关系网络(张可,2019)。最后,科研机构与大学会为企业带来创新外溢,大学科研经费投入的增加也可能促进企业创新产出的提升(Jaffe,1989)。总体而言,扩散机制将促进资源、要素、企业、政府部门在空间上趋于相对均衡,有利于逐步缩小区域内部的创新水平差异,促进创新与经济协调发展。

综上所述,各区域创新要素可以在空间的相互作用下动态流动,使得各创新主体所代表的"点"连接成了"线",再交织成"网",从而形成了区域创新的空间关联网络格局。在网络中,空间集聚效应的存在使得空间关联网络形成相应的集群,集群内部各地区创新交流的紧密程度较高;而空间扩散效应使得各集群发出和接收关联关系,交换创新动能。根据块模型理论,各集群在空间关联网络结构中主要扮演 4 个板块:主受益板块、双向溢出板块、经纪人板块与净溢出板块。

二、研究设计与方法

1. 研究范围

本部分研究范围包括 13 个地级市区、21 个县级市及 22 个县,共计 56 个县域单元。本研究的数据全部来源于《江苏统计年鉴》,选取 2017 年的相关数据来反映江苏省县域知识资本的趋势,并以 2017 年为时间节点展开县域知识资本的空间关联测度研究,以反映江苏省县域之间知识资本网络的发展情况,并就江苏省内在差异进行比较分析。对于地级市区的情况,查询每个市辖区的专利数据,再对一个市所有市辖区的数据进行合并,得到地级市区的专利授权量。针对江苏省行政区划变动的问题,除南京市区之外的其他县市均以 2017 年江苏省行政区划为准,对合并、撤销地区的专利数据进行相应的加减。由于 2017年南京市的行政规划没有县,因此依据 2012 年南京市行政规划加入溧水县和高淳县,并在各县市统计局网站搜集数据进行相应的处理。

2. 知识资本空间关联网络的构建方法

本书采用修正的引力模型来测算江苏省知识资本空间关联强度。引力模型是一种被广泛用来研究县域、城市、区域之间的空间作用和联系的经典模型,是网络分析方法的前提(Hidenobu,2004;Theodore,2006;Tobias 等,2007)。由于网络分析法基于关系数据,而关系的确定主要通过引力模型或 VAR Granger Causality 模型来检验(刘华军等,2015)。考虑到 VAR 模型对网络结构特征刻画的准确性相对较低,并且无法用于分析知识资本网络的动态演化特征,因此本书采用修正的引力模型来衡量:

$$IR_{ij} = K_{ij}(\sqrt{L_i G_i} \sqrt{L_j G_j})/D_{ij}^2 \qquad (6\text{-}1)$$

$$K_{ij} = G_i/(G_i + G_j) \qquad (6\text{-}2)$$

其中,IR_{ij} 代表 i 和 j 县市间的知识资本关联强度;K_{ij} 代表县市 i 对 IR_{ij} 的贡献率;G_i、G_j 代表各县市的经济规模,测度指标是各个县市的 GDP;D_{ij} 代表县市 i 和 j 间的距离,本书以各县市的市政府作为标点测得的两点间最短交通线距离作为测度标准;L_i、L_j 表示县市知识资本水平,借鉴古利平(2006)、李国平(2012)等学者们的研究,本书选取专利申请授权量作为知识资本的指标。

由 IR_{ij} 所形成的强度矩阵 $IR(i,j) = (IR_{ij})_{N \times N}$ 构建成县市的知识资本空间关联网络。在关联网络中,各个县市是关联网络中的"点",各点间的有向空间关联关系形成了"线",网络矩阵的各元素则是关联网络的"边",这些"点"、"线"和"边"共同构建成江苏省县市区域知识资本的空间关联网络。

3. 知识资本空间关联网络的特征指标及测度方法

本书用社会网络分析法刻画县市知识资本关联网络的整体网络密度、中心性和板块等网络特征。

(1) 整体网络密度(density)

该测度指标表示网络中各县市联系的紧密程度,网络密度越大,网络成员间的联系越密切。测度公式为:

$$D_n = \frac{L}{N \times (N-1)} \qquad (6\text{-}3)$$

其中,D_n 代表网络密度;L 表示衡量网络中实际存在的关联关系的数量;N 表示该网络中县市的节点数;$N \times (N-1)$ 用来计算出该社会网络里可能存在的最大关联关系数目。

(2) 网络中心性(centrality)

中心性被用来研究县市在网络中的位置和重要程度,是对该节点在网络中"权力"的量化研究。本书根据 Freeman(1979)提出的关于网络中心性的测度指标,即度数中心度(degree centrality)和中间中心度(betweenness centrality),来刻画江苏省县市网络的中心性(Freeman,1979)。

度数中心度是刻画关联网络中与该节点直接联系的节点数目,中心度越大则该县市影响力越大。节点的度数中心度可以分为两类:绝对中心度和相对中心度。前者是用来衡量一个点的度数,而后者是前者的标准化形势。绝对度数在有向网络中,有两种测量方式:内中心度(in-centrality)和外中心度(out-centrality),分别对应点出度(outdegree)和点入度(indegree)。这两个指标可以用来衡量网络中县市自身联系程度,点出度是指该节点影响其他县市的程度;点入度是反映该节点受到其他县市影响的程度。点出度与点入度的测算公式为:

$$C_{D(\text{in})} = \sum_{j=1}^{n} R_{ij(\text{in})} ; C_{D(\text{out})} = \sum_{j=1}^{n} R_{ij(\text{out})} \tag{6-4}$$

其中,$C_{D(\text{in})}$ 表示点入度;$C_{D(\text{out})}$ 表示点出度;R_{ij} 是县市节点的空间联系强度。相对度数中心度是基于局部中心度的缺点,即根据不同图中的节点度数因为图之间有着不同的规模和结构特征无法相互比较,进行弥补后提出的。其测算公式为:

$$RD = \frac{n}{(N-1)} \tag{6-5}$$

其中,n 是该社会网络中与该节点直接联系的节点数量;N 是指可能直接关联的最大节点数;RD 是指相对度数中心度。

中间中心度是用来衡量某节点处在该网络中的中间程度。处在网络中某个位置的节点有能力传递信息并影响整个群体,因此中间中心度能刻画出该节点在网络中发挥沟通和连接作用的程度。其测算公式为:

$$Cb_i = \frac{2\sum_{j}^{N}\sum_{k}^{N} b_{jk}(i)}{N^2 - 3N + 2} \quad j \neq k \neq i, j < k \tag{6-6}$$

其中,$b_{jk}(i) = g_{jk}(i)/g_{jk}$ 是县市 j 与 k 间的捷径数量;$g_{jk}(i)$ 是县市 j 与县市 k 间通过县市 i 的数量;$b_{jk}(i)$ 则表示 i 在县市 j 与 k 捷径上的概率。

(3) 空间关联网络的块模型分析(block models)

White、Boorman 和 Breiger 在 1976 年提出了块模型来研究网络位置,从而对社会角色的位置进行描述性代数分析。块模型是根据特定的标准把一个网络中的不同个体分成离散的子群,称为"位置"、"块"或者"聚类"(Wasserman等,1994)。这些"块"可以体现各个位置的子群间的关系特征,假设分析位置 B_K 上各个成员的关系,假设网络中总共有 g 个节点,位置 B_K 中有 g_K 个成员,那么 B_K 内部可能具有的关系总数为 $g_K(g_K-1)$,B_K 各个成员所有可能的关系数目是 $g_K(g-1)$。可以得到该位置的期望比例为 $\frac{g_K(g_K-1)}{g_K(g-1)}=\frac{g_K-1}{g-1}$,这个期望比例可以用来分析网络内部不同板块之间的关系特征。

在块模型理论的基础上可以把一个网络划分成 4 个板块,一是主受益板块,该板块的内部关系比例相对较高,外部关联关系比例相对较低,对外发出关系相对较少。当只接收外部板块发出的关联关系,板块内部发出关系,而不对外发关系时,被称为净收益板块。二是双向溢出板块,这个板块对外对内均发出相对多的关系,但是其接收的来自其他板块的关系相对较少,因此具有双向溢出效应。三是经纪人板块,这个板块的内部联系相对较少,主要是对外发出和接收关系,因此在关联网络中承担桥梁的作用。四是净溢出板块,该板块对外发出的关联关系相对较多,对内发出的关系较少,很少接收到其他板块发出的关系,因此在关联网络中承担净溢出效应。

三、江苏省县市知识资本空间关联网络的实证分析

1. 描述性统计

从表 6-9 可以看出,江苏省苏南地区知识资本分布比较集中。2017 年数据显示,江苏 64.03% 的知识资本分布在苏南 5 个城市。进一步研究可以发现,前 3 名苏州、南京和无锡知识资本水平占全省 50.28%。尽管苏中的 19.01% 略高于苏北的 16.96%,但均低于全省第一的苏州市。由表 6-9 可见,江苏知识资本空间分布呈现自南向北梯度降低的趋势特征。

表 6-9　江苏省知识资本的空间分布

区域	地区	知识资本特征	知识资本比重/%
苏南	南京、苏州、无锡、常州、镇江	高	64.03
苏中	扬州、泰州、南通	中	19.01
苏北	徐州、连云港、宿迁、淮安、盐城	低	16.96

2. 整体网络密度演变分析

首先,对县市创新产出关联矩阵进行二值化处理,即通过 Ucinet 软件中的

Dichotomize 功能把数据转变为 0—1 数据。根据公式(6-3)计算得到 2017 年知识资本联系的整体网络密度是 0.576 3,实际关联关系数是 1 775 个。总体上看,江苏省县市间的空间关联紧密程度度较为一般,还有进一步加强不同县市之间的知识资本流动的潜力。其次,根据本书的数据特征,再设置不同的分界值,得到表 6-10 所示结果。对比 2012 年到 2017 年江苏省的知识资本联系的密度可知,整体网络密度均逐年增加,各县市间的知识资本流动愈发密切。

表 6-10　江苏省县市知识资本联系网络密度

2012 年/2017 年	分界值为 1	分界值为 10	分界值为 100
知识资本联系网络密度	0.871 4/0.971 1	0.519 5/0.971 1	0.196 8/0.265 3

通过 Ucinet 中的 NetDraw 功能导入修正后引力模型,并计算出县市间知识资本联系强度的矩阵,可绘制出 2012 年与 2017 年江苏省知识资本联系的空间网络图。图 6-1 中的每个节点代表相对应的江苏省县市,节点间的连线代表县市间的联系。

3. 中心性分析

根据度数中心度和中间中心度,本书进一步对江苏省县市知识资本关联关系进行中心性分析。

首先,从各县市的关联关系来看,南京、淮安、常州、无锡和苏州市区知识资本联系的中心度位于前 5 名,前 10 名均是市区,无锡的昆山和江阴是关联关系数最靠前的 2 个县市。不难发现,江苏省知识资本的度数中心度由于受到地理因素的影响,南部县市的度数中心度普遍较高,中部和北部普遍较低,呈现由南向北递减的趋势。

其次,从关联方向来进一步分析各县市接收和发出联系呈现出的特征。整体上,城市市区知识资本的点出度大于点入度,经济越发达,知识资本水平越高,对其他县市溢出效应越大;除苏南的无锡和昆山等少数较为发达的县市,其他县市均是点入度大于点出度,受到其他地区的辐射;苏北县城的点出度和点入度都是低洼区,很少从知识资本网络中受益,与其他县市的空间关联较弱。

最后,通过中间中心度可以看出,淮安、连云港、盐城、徐州市区及宝应县和南京市区的中间中心度依次排前 6,主要以苏北市区为主。这可能是由于,各市区在虹吸效应的作用下成为知识资本的集聚地区,知识资本增长动能从苏南知

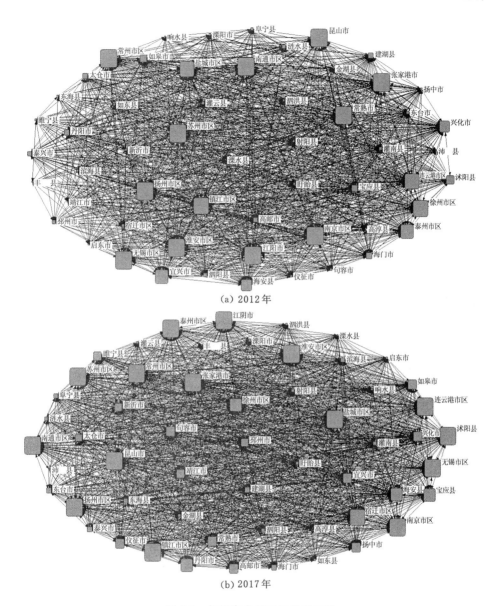

(a) 2012年

(b) 2017年

图 6-1　知识资本的空间关联网络

识资本水平高的市区传递到苏中和苏北的市区,再传递到苏北的县城,因此苏北市区承担了知识资本的主要桥梁和中间的角色。

4. 江苏省县市知识资本空间关联网络的块模型分析

根据图 6-1 的有向关联网络图,本书利用 Ucinet 的块模型方法将 56 个江苏省县市分割成不同板块,分析板块在空间关联网络中的角色和特征。选择最大分割深度为 2,收敛标准为 0.2,将江苏省划分为 4 个板块(见表 6-11)。

表 6-11　江苏省县市知识资本关联网络板块

板块一	南京市区、无锡市区、江阴市、徐州市区、常州市区、苏州市区、张家港市、昆山市、南通市区、海安县、淮安市区、盐城市区、扬州市区、宝应县、高邮市、镇江市区、丹阳市、泰州市区、兴化市
板块二	溧水县、高淳县、宜兴市、溧阳市、常熟市、太仓市、如东县、启东市、如皋市、海门市、东台市、仪征市、扬中市、句容市、靖江市、泰兴市
板块三	丰县、沛县、睢宁县、新沂市、邳州市、东海县、灌云县、宿迁市区、沭阳县、泗阳县、泗洪县、连云港市区
板块四	灌南县、涟水县、盱眙县、金湖县、响水县、滨海县、阜宁县、射阳县、建湖县

对于知识资本联系,第一个板块的成员有 19 个,以各市市区为主贯穿江苏省,包括江阴、张家港、昆山、海安、宝应、高邮、丹阳和兴化等县市;第二个板块成员有 16 个,主要是苏南和苏中的县市,包括溧水、高淳、宜兴、溧阳等县市;第三个板块的成员有 12 个,全是苏北的市区和县市,包括连云港市区、宿迁市区以及丰县、沛县、睢宁县、新沂市等县市;第四个板块的成员有 9 个,全是相对落后的苏北县市包括灌南、涟水、盱眙、金湖等县。

知识资本联系的板块较为分散,各个城市的市区集中在第一板块,形成了贯穿江苏省南北的一个知识资本联系带。可见,地理位置和经济发达程度息息相关,地理上的邻近减少了知识资本流动的成本。城市市区在经济上具有显著的优势,市区的产业集聚在规模经济效应与技术溢出效应的影响下加速了知识资本流动。因此,城市市区在知识资本网络中有着较高的地位并形成了紧密关联的第一板块,集聚了高水平的知识资本,对知识资本有较强的支配能力。可见知识资本的第一和第二板块分布并不一致,然而第三、第四板块较为相似。这是因为地区经济的发展促进了知识资本的流入,知识资本的提高又进一步促进了经济的发展,从而再吸引新的知识资本,而经济相对落后的苏中和苏北地区知识资本水平不足,形成了第三、第四板块。

江苏省县市的知识资本网络中有 1 775 个关联关系,其中 4 个知识资本板块内部的关系数是 671 个,板块之间的关系数是 1 104 个。如表 6-12 中所列出的各个板块内部、板块间发出和接收关系数,以及期望和实际的内部关系比例等数值,用同样的分析方法可得:第一板块是“双向溢出板块”;第二板块是“经纪人板块”;第三板块是“主受益板块”;第四板块是“净受益板块”。

表 6-12　江苏省县市知识资本关联网络的各板块角色分析

	板块	一	二	三	四	板块成员数	接收板块外关系数	板块外部发出关系数	期望的内部关系比例/%	实际的内部关系比例/%	板块特征
知识资本联系	一	341	297	188	170	19	327	655	32.73	34.23	双向溢出板块
	二	248	197	10	33	16	315	291	27.27	40.37	经纪人板块
	三	53	15	88	40	12	219	108	20.00	44.95	主受益板块
	四	26	3	21	45	9	243	50	14.55	47.38	净受益板块

本书通过计算知识资本板块的密度矩阵来分析江苏省知识资本联系的空间格局。2017 年知识资本联系的网络密度为 0.576 3。若板块密度大于或等于总体网络密度,则表示该板块密度大于网络平均水平,呈现出板块集中的特征。因而,将表 6-13 中大于总体密度的位置赋值 1,否则赋值 0,得到表 6-14 所示的像矩阵。像矩阵更为明显地揭示了江苏省县市知识资本中各个板块间的空间关联和不同板块所承担的角色。

表 6-13　江苏省县市知识资本板块的密度矩阵

	板块	密度矩阵			
		一	二	三	四
知识资本联系	一	0.997	0.977	0.825	0.994
	二	0.816	0.821	0.052	0.229
	三	0.232	0.078	0.667	0.37
	四	0.152	0.021	0.194	0.625

表 6-14　江苏省县市知识资本板块的像矩阵

	板块	像矩阵			
		一	二	三	四
知识资本联系	一	1	1	1	1
	二	1	1	0	0
	三	0	0	1	0
	四	0	0	0	1

如表 6-14 所示,知识资本板块的像矩阵的对角线数值均为 1,这说明各个板块有"俱乐部"效应,形成了凝聚子群,板块内部显著关联。板块一明显是知识资本的"核心",既发出又接收知识资本。其中,板块一将知识资本传递给板块二、板块三、板块四,主要接收来自板块二的动能;板块三和板块四知识资本水平较弱,主要接收来自板块一的知识资本,缺乏对其他板块的溢出能力。江苏省各市市区由于"虹吸效应",知识资本有着突出的优势,即便地理上并不相邻也有极为紧密的联系,并且各市市区可以将知识资本传递给非市区的县市。苏北各县市无论是经济还是知识资本都和其他县市联系较弱,发展相对落后。

四、江苏省县市知识资本空间关联 QAP 分析

在前文研究的江苏省县市知识资本空间关联网络的基础上,本书进一步分析导致江苏省县市知识资本空间关联特征形成的因素。

1. 理论基础与数据说明

李倩(2010)、邵汉华(2018)、宋旭光(2019)等学者研究发现,中国创新空间关联受到地理邻近、社会经济特征邻近等多维邻近效应的影响。由前文块模型的分析结果也可以看出,江苏知识资本的空间关联格局呈现出明显的"城市市区-苏南、苏中县城-苏北县城"的地域等级梯度特征,其中苏南地区的空间溢出效应与关联关系更为显著。由此推测,江苏省县市知识资本的空间关联可能受到地理距离与地区经济发展差异的影响。借鉴已有文献,本书选取人均生产总值、产业结构高级化程度、基础设施水平、对外开放程度等指标来刻画江苏省各县市的经济发展差异。此外,地方政府推动强度的差异也是知识资本空间关联网络形成的驱动因素之一,政府可以通过制定区域发展政策、加大知识资本投入来扶持知识资本空间关联网络并引导知识资本的流动。余泳泽(2011)指出,政府能够通过提高对创新的投资来加速创新产出实现经济增长。因此,本书做出以下理论假设:江苏省县市知识资本的空间关联性(Q)主要受 6 个驱动因素的影响,分别是各县市地理间隔(D)、人均生产总值水平差异(N)、产业结构高级化程度差异(S)、基础设施水平差异(I)、对外开放程度差异(O)和政府制度差异(G)。各变量的具体测度方法见表 6-15。

表 6-15 相关变量

驱动因子	符号	具体测度
知识资本的空间关联性	Q	根据前文公式(6-1)得出知识资本关联矩阵
各县市地理间隔	D	县市间的地理距离
人均生产总值水平差异	N	县市生产总值/常住人口数
产业结构高级化程度差异	S	第三产业产值/地区生产总值
基础设施水平差异	I	地区邮电业务总量/地区生产总值
对外开放程度差异	O	进出口贸易额/地区生产总值
政府制度差异	G	财政公共预算支出/财政总收入

2. 研究方法

根据上述理论基础,本书建立以下模型来分析各因素之间的关系:

$$Q = f(D, N, S, I, O, G) \tag{6-7}$$

公式(6-7)中的所有变量都是关系矩阵,是由 2017 年各个县市对应指标差值的绝对值形成的对称矩阵,用来展示各因素数据间的关系。本书选用社会网络分析的 QAP(quadratic assignment procedure)方法来分析各因素数据之间的关系。原因如下:第一,传统的统计检验方法不能用来检验各因素数据之间的关系,而本书理论模型基于的是关系数据,社会网络分析法面向关系型数据,因而可以选用 QAP 方法进行计算检验。第二,传统的统计方法分析这些高度相关的变量,可能会存在多重共线性,引起变量的显著性不稳定,而 QAP 方法没有自变量相互独立的假设前提,能有效地避免以上的不足,更具有稳健性。因此,本书接下来基于 QAP 相关分析方法和 QAP 回归分析方法,探讨江苏省县市知识资本空间关联的影响因素。

3. QAP 相关分析

QAP 相关分析通过置换矩阵来对比两个矩阵中各对应值的相似程度,从而计算出相关系数,并对其进行非参数检验(李敬等,2014)。江苏知识资本空间关联矩阵及其影响因素矩阵的 QAP 相关分析结果如表 6-16 所示。其中,实际相关系数直接根据两个矩阵的值进行计算,相关系数均值则是随机矩阵进行了 5 000 次置换得到的,并列出最大值和最小值;$P \geqslant 0$ 是相关系数经过随机计算后大于等于实际相关系数的概率,而 $P \leqslant 0$ 是小于等于实际相关系数的概率。

表 6-16　QAP 相关分析结果

变量	实际相关系数	显著性水平	相关系数均值	标准差	最小值	最大值	$P \geqslant 0$	$P \leqslant 0$
各县市地理间隔	−0.487	0.000 ***	0.001	0.049	−0.193	0.152	1.000	0.000
人均生产总值水平差异	−0.068	0.124 *	0.001	0.057	−0.225	0.164	0.876	0.124
产业结构高级化程度差异	−0.152	0.018 ***	−0.000	0.069	−0.239	0.216	0.982	0.018
基础设施水平差异	−0.076	0.067 **	0.001	0.050	−0.210	0.154	0.933	0.067
对外开放程度差异	0.105	0.080 **	0.000	0.075	−0.270	0.198	0.080	0.921
政府制度差异	−0.325	0.000 ***	0.001	0.041	−0.190	0.129	1.000	0.000

注:符号 *** 、** 、* 分别表示在 1%、5% 和 10% 的水平上显著。

QAP 相关分析的结果显示,江苏省知识资本空间关联矩阵和地理间隔的实际相关系数为−0.487,在 1% 的水平上显著,说明各个县市间的地理距离对其知识资本的空间溢出和动能传递具有显著的负面影响,即地理位置间隔越远,知识资本的空间溢出效应越弱。知识资本的空间关联矩阵和人均生产总值水平差异、产业结构高级化程度差异、基础设施水平差异均为负相关,说明不同县市之间的经济发展现有的水平、结构以及设施基础差异越大,知识资本越难以传递。知识资本空间关联矩阵与政府制度差异的实际相关系数为−0.325,在 1% 的水平上显著,说明不同县市政府投入的差距也显著影响知识资本的空间关联性。

4. QAP 回归分析

将上文提及的驱动因子作为解释变量,知识资本空间关联网络 Q 作为被解释变量进行 QAP 回归。QAP 回归分析是通过分析多关系矩阵与一个关系矩阵间的回归关系,从而测量和评价判定系数 R2 的显著程度。表 6-17 是江苏省知识资本空间关联矩阵和其影响因素矩阵的 QAP 回归分析结果。回归过程如下:首先基于自变量与因变量矩阵对应的长向量元素做多元回归,再同时随机置换因变量矩阵的行和列并且重新计算回归,最后保存判定系数 R2 和所有系数的值,将以上过程重复多次就可以估计统计量的标准误差。系数的估计和检验方法与 QAP 相关分析同理。表 6-17 展现的是 5 000 次随机置换的结果,概率 1 是回归系数大于等于实际观测值的概率,概率 2 是回归系数小于等于实际观测值的概率,并且要做双尾检验。回归分析的结果显示,地理间隔矩阵的回归系数在 1% 的水平上显著,说明地理距离越短,知识资本的空间关联越强。不仅如此,人均生产总值水平差异、地区对外开放程度差异、政府制度差异的回归系数均在 1% 的水平上显著,说明地区经济发展水平越高、对外经济交流越多、政府投入越多,越有利于知识资本在不同地区流动,提高知识资本积累,激发创新活力。基础设施水平差异和产业结构高级化程度差异均不显著,说明这两者对知识资本空间关联存在一定影响,但影响并不显著。QAP 回归分析和相关分析结果相对一致,可见本研究稳健性较高。

表 6-17　QAP 回归分析结果

变量	非标准化回归系数	标准化回归系数	显著性概率值	概率 1	概率 2
截距	1.067 995	0			
各县市地理间隔	−0.002 148	−0.484 343	0	1	0
人均生产总值水平差异	0.025 792	0.211 908	0.001	0.001	1
产业结构高级化程度差异	−0.571 397	−0.042 906	0.2	0.801	0.2
基础设施水平差异	−0.019 664	−0.033 825	0.189	0.812	0.189
对外开放程度差异	0.253 268	0.169 71	0.008	0.008	0.993
政府制度差异	−0.268 036	−0.296 268	0	1	0

基于 2012—2017 年江苏省 56 个县市专利等数据,本书通过社会网络分析方法研究了江苏省县市知识资本的空间关联网络。首先,在修正的引力模型基础上分别计算出江苏省知识资本的空间关联网络;其次,从江苏省知识资本空间关联的整体网络密度演变特征、知识资本板块在网络里的地位、角色与作用、不同板块间相互的影响机制和溢出路径以及知识资本空间关联网络间的异同和联系等方向,分析并刻画江苏省知识资本的空间关联;最后,在 QAP 分析的基础上研究了江苏省知识资本空间关联格局的主要影响因素。

本书研究结论如下:第一,2012—2017 年知识资本网络密度均逐年增加,但是目前空间关联紧密程度仍较为一般。第二,江苏省知识资本空间格局可以由 4 个不同的板块所刻画。知识资本联系的板块则较为分散,各个城市的市区集中在第一板块,知识资本程度和经济发达程度密切相关。一方面知识资本向第一板块集聚,另一方面第一板块向其他 3 个板块有显著的溢出,因此知识资本的第一板块是"双向溢出板块"。第三,江苏省县市知识资本的空间溢出均有显著的梯度特征。第一板块是在知识资本的"虹吸效应"下形成的主要流出板块,吸收的知识资本主要来源于第二板块,它既是知识资本的集聚,又对第二、三、四板块进行知识资本的溢出和传递。我们发现,地理间隔、地区经济发展水平、对外经济交流、政府投入差异显著影响知识资本在不同地区流动,从而影响不同地区知识资本关联的差异程度,同时基础设施水平差异也较为明显地影响着知识资本空间关联关系。

第七章　江苏省制造业行业知识资本溢出效应实证研究

制造业是一国经济的根基,如何使以智能制造、数字化、自主创新为主的制造业高质量发展显得尤为重要。自主创新是制造业转型升级的"根本动力",在很大程度上依赖于知识资本的投入与积累。我国制造业应更加重视 R&D 经费投入,提高 R&D 资本溢出效应。本书根据江苏省制造业行业研发资本对行业全要素生产率的影响,利用投入产出表构建制造业行业间的经济技术关系空间权重矩阵,建立空间计量模型,在垂直和水平维度上测度制造业行业知识资本溢出效应。

第一节　行业知识资本溢出效应测度方法

一、产业垂直关联度的测量

产业关联是指产业间以各种投入品和产出品为连接纽带的技术经济联系。按产业间供给和需求联系可以把产业关联分为前向关联和后向关联。

1. 产业关联度

产业关联度一般使用消耗系数测度前向关联,使用分配系数测度后向关联。

（1）消耗系数

根据投入产出表,产业关联的直接消耗系数 a_{ij} 公式为:

$$a_{ij} = \frac{x_{ij}}{q_j} \qquad i,j = 1,2,\cdots,n \qquad (7\text{-}1)$$

其中,x_{ij} 表示部门 j 生产单位产品对部门 i 产品的直接消耗量;q_j 表示部门 j 的总产出。转换为矩阵:

$$\begin{bmatrix} a_{11} & a_{12} & \cdots & a_{1n} \\ a_{21} & a_{22} & \cdots & a_{2n} \\ \vdots & \vdots & \vdots & \vdots \\ a_{n1} & a_{n2} & \cdots & a_{m} \end{bmatrix} = \begin{bmatrix} x_{11} & x_{12} & \cdots & x_{1n} \\ x_{21} & x_{22} & \cdots & x_{2n} \\ \vdots & \vdots & \vdots & \vdots \\ x_{n1} & x_{n2} & \cdots & x_{m} \end{bmatrix} \begin{bmatrix} q_1^{-1} & 0 & \cdots & 0 \\ 0 & q_2^{-1} & \cdots & 0 \\ \vdots & \vdots & \vdots & \vdots \\ 0 & 0 & \cdots & q_n^{-1} \end{bmatrix}$$

$$A = X \hat{q}^{-1} \tag{7-2}$$

其中,A 为直接消耗系数矩阵;X 为中间产品流量矩阵;$\hat{q}$ 为总产出对角矩阵。

完全消耗系数 b_{ij} 公式为:

$$b_{ij} = a_{ij} + \sum_{k=1}^{n} b_{ik} a_{kj} \qquad i,j = 1,2,\cdots,n \tag{7-3}$$

转换为矩阵:

$$\begin{bmatrix} b_{11} & b_{12} & \cdots & b_{1n} \\ b_{21} & b_{22} & \cdots & b_{2n} \\ \vdots & \vdots & \vdots & \vdots \\ b_{n1} & b_{n2} & \cdots & b_{m} \end{bmatrix} = \begin{bmatrix} a_{11} & a_{12} & \cdots & a_{1n} \\ a_{21} & a_{22} & \cdots & a_{2n} \\ \vdots & \vdots & \vdots & \vdots \\ a_{n1} & a_{n2} & \cdots & a_{m} \end{bmatrix} + \begin{bmatrix} b_{11} & b_{12} & \cdots & b_{1n} \\ b_{21} & b_{22} & \cdots & b_{2n} \\ \vdots & \vdots & \vdots & \vdots \\ b_{n1} & b_{n2} & \cdots & b_{m} \end{bmatrix} \cdot$$

$$\begin{bmatrix} a_{11} & a_{12} & \cdots & a_{1n} \\ a_{21} & a_{22} & \cdots & a_{2n} \\ \vdots & \vdots & & \vdots \\ a_{n1} & a_{n2} & \cdots & a_{m} \end{bmatrix}$$

$$B = A + BA$$

$$B = (I - A)^{-1} - I$$

$$\begin{bmatrix} b_{11} & b_{12} & \cdots & b_{1n} \\ b_{21} & b_{22} & \cdots & b_{2n} \\ \vdots & \vdots & \vdots & \vdots \\ b_{n1} & b_{n2} & \cdots & b_{m} \end{bmatrix} = \begin{bmatrix} c_{11} & c_{12} & \cdots & c_{1n} \\ c_{21} & c_{22} & \cdots & c_{2n} \\ \vdots & \vdots & \vdots & \vdots \\ c_{n1} & c_{n2} & \cdots & c_{m} \end{bmatrix} - \begin{bmatrix} 1 & & & \\ & 1 & & \\ & & \ddots & \\ & & & 1 \end{bmatrix}$$

其中,$B_{n \times n}$ 为完全消耗系数矩阵;$A_{n \times n}$ 为直接消耗系数矩阵;I 为单位矩阵;$(I - A)^{-1}$ 为列昂惕夫逆矩阵;元素一般用 c_{ij} 表示。

(2) 分配系数

根据投入产出表,产业关联的直接分配系数 r_{ij} 公式为:

$$r_{ij} = \frac{x_{ij}}{q_i} \qquad i,j = 1,2,\cdots,n \tag{7-4}$$

其中，x_{ij} 表示产品 i 分配给部门 j 的作为中间产品使用的数量；q_i 表示产品 i 的总产出。转换为矩阵：

$$R = \hat{q}^{-1}X \tag{7-5}$$

$$\begin{bmatrix} r_{11} & \cdots & r_{1n} \\ \vdots & \vdots & \vdots \\ r_{n1} & \cdots & r_{nn} \end{bmatrix} = \begin{bmatrix} q_1^{-1} & \cdots & 0 \\ \vdots & \vdots & \vdots \\ 0 & \cdots & q_n^{-1} \end{bmatrix} \begin{bmatrix} x_{11} & \cdots & x_{1n} \\ \vdots & \vdots & \vdots \\ x_{n1} & \cdots & x_{nn} \end{bmatrix}$$

其中，R 为直接分配系数矩阵。

完全分配系数 d_{ij} 公式为：

$$d_{ij} = r_{ij} + \sum_{k=1}^{n} d_{ik}r_{kj} \qquad i,j = 1,2,\cdots,n \tag{7-6}$$

转换为矩阵：

$$\begin{bmatrix} d_{11} & d_{12} & \cdots & d_{1n} \\ d_{21} & d_{22} & \cdots & d_{2n} \\ \vdots & \vdots & \vdots & \vdots \\ d_{n1} & d_{n2} & \cdots & d_{nn} \end{bmatrix} = \begin{bmatrix} r_{11} & r_{12} & \cdots & r_{1n} \\ r_{21} & r_{22} & \cdots & r_{2n} \\ \vdots & \vdots & \vdots & \vdots \\ r_{n1} & r_{n2} & \cdots & r_{nn} \end{bmatrix} + \begin{bmatrix} d_{11} & d_{12} & \cdots & d_{1n} \\ d_{21} & d_{22} & \cdots & d_{2n} \\ \vdots & \vdots & \vdots & \vdots \\ d_{n1} & d_{n2} & \cdots & d_{nn} \end{bmatrix} \cdot$$

$$\begin{bmatrix} r_{11} & r_{12} & \cdots & r_{1n} \\ r_{21} & r_{22} & \cdots & r_{2n} \\ \vdots & \vdots & \vdots & \vdots \\ r_{n1} & r_{n2} & \cdots & r_{nn} \end{bmatrix}$$

$$D = R + RD$$

$$D = (I-R)^{-1} - I$$

$$\begin{bmatrix} d_{11} & d_{12} & \cdots & d_{1n} \\ d_{21} & d_{22} & \cdots & d_{2n} \\ \vdots & \vdots & \vdots & \vdots \\ d_{n1} & d_{n2} & \cdots & d_{nn} \end{bmatrix} = \begin{bmatrix} g_{11} & g_{12} & \cdots & g_{1n} \\ g_{21} & g_{22} & \cdots & g_{2n} \\ \vdots & \vdots & \vdots & \vdots \\ g_{n1} & g_{n2} & \cdots & g_{nn} \end{bmatrix} - \begin{bmatrix} 1 & & & \\ & 1 & & \\ & & \ddots & \\ & & & 1 \end{bmatrix}$$

其中，D 为完全分配系数矩阵；R 为直接分配系数矩阵；I 为单位矩阵。$(I-R)^{-1}$ 为 Ghosh 逆矩阵，元素用 g_{ij} 表示。

2. 垂直维度的后向关联矩阵和前向关联矩阵

Anon(2007)将 Leontief 逆矩阵 $W = (I-A)^{-1}$ 作为衡量制造业行业间研发

溢出效应的技术相似矩阵。朱平芳等(2016)利用投入产出表计算 Leontief 逆矩阵和 Ghosh 逆矩阵,创建"前向技术空间相似矩阵"和"后向技术空间相似矩阵",分别表示上下游行业与该行业间的关联矩阵,具体计算时,需要将该矩阵主对角线元素标准化为零。

二、水平维度的关联矩阵

借鉴和采用"Jaffe 技术距离"构造水平维度的关联矩阵。考虑到数据的可获取性和可比性问题,本书以制造业各个行业的主营业务收入数据作为各行业总产值数据的有效替代。具体公式为:

$$W = \frac{1/\mid \overline{Y}_i - \overline{Y}_j \mid}{\sum_{j=1}^{n} 1/\mid \overline{Y}_i - \overline{Y}_j \mid}$$

其中,i 和 j 分别代表不同行业;$\overline{Y}_i$ 表示研究时期内 i 行业的主营业务收入的均值。W 表示两个行业部门间的经济技术空间相似性距离,具体测度时,需要将矩阵 W 主对角线元素标准化为零。

三、测度模型

知识资本行业间溢出效应选择空间杜宾模型(SDM)测度:

$$Y = \rho WY + X\beta + WX\delta + \varepsilon \qquad \varepsilon \sim N[0, \sigma^2 I]$$

空间杜宾模型表示某产业的解释变量,既对本产业的经济活动产生影响,又对相邻产业的经济活动产生影响。空间权重分别采用垂直维度的后向关联矩阵和前向关联矩阵,以及将水平维度的关联矩阵引入空间杜宾模型,测度知识资本的行业间溢出效应。

第二节　数据处理

一、样本选择

本书选择国民经济行业分类代码为 C 的制造业,根据江苏省制造业行业数据的获得性,并匹配投入产出表数据,选择制造业行业名称及编码如表 7-1 所示。研究借鉴陈诗一(2011)的做法,对相关行业进行合并①,最后保留 16 个制造业行业。

表 7-1 制造业行业名称及编码

行业	编码
食品和烟草制造业	c1
纺织业	c2
纺织服装鞋帽皮革羽绒及其制品业	c3
木材加工品和家具制造业	c4
造纸印刷和文教体育用品制造业	c5
石油、炼焦产品和核燃料加工业	c6
化学产品制造业	c7
非金属矿物制品业	c8
金属冶炼和压延加工业	c9
金属制品业	c10
通用设备制造业	c11
专用设备制造业	c12
交通运输设备制造业	c13
电气机械和器材制造业	c14
通信设备、计算机和其他电子设备制造业	c15
仪器仪表制造业	c16

鉴于江苏省制造业行业 R&D 经费内部支出数据,以 2009 年规模以上制造业行业数据为基础,计算 2012—2019 年研发资本存量,并用研发资本存量替代知识资本存量。

由于江苏省制造业行业没有专利支出统计数据,不能使用生产函数模型测

---

① 把食品制造业、饮料制造业和烟草制品业合并成为食品和烟草制造业;把纺织服装、鞋、帽制造业和皮革、毛皮、羽毛(绒)及其制品业合并成为纺织服装鞋帽皮革羽绒及其制品业;把木材加工及木、竹、藤、棕、草制品业和家具制造业合并成为木材加工品和家具制造业;把造纸及纸制品业、印刷业和记录媒介的复制、文教体育用品制造业合并成为造纸印刷和文教体育用品制造业;把化学原料及化学制品制造业、医药制造业、化学纤维制造业及橡胶和塑料制品业合并成为化学产品制造业;把黑色金属冶炼及压延加工业和有色金属冶炼及压延加工业合并成为金属冶炼和压延加工业;把汽车制造业及铁路、船舶、航空航天和其他运输设备制造业合并成为交通运输设备制造业;并删除数据缺失的 3 个行业,即工艺品及其他制造业、废弃资源和废旧材料回收加工业及金属制品、机械和设备修理业。

度知识资本溢出效应。因此,本书根据李小平和朱钟棣(2006)的做法,以知识资本溢出对制造业全要素生产率(TFP)的影响为依据,间接测度知识资本溢出效应。

二、变量测度

本书选择 Bureau of Economic Analysis(简称 BEA)测度法对 2012—2019 年江苏省制造业 16 个行业知识资本进行测度。

$$\text{RDstock}_{it} = (1-\delta)\text{RDstock}_{it-1} + \left(1-\frac{\delta}{2}\right)\text{RD}_{it}$$

式中,RDstock_{it} 和 RDstock_{it-1} 分别表示行业 i 第 t 期和第 $t-1$ 期研发资本存量;RD_{it} 表示行业 i 在第 t 期的不变价研发投资;δ 表示折旧率。

1. 研发投资价格指数

借鉴江永宏和孙凤娥(2016)、孙凤娥和江永宏(2018)、王亚菲和王春云(2018)等的做法,选择城市居民消费价格指数、工业生产者购进价格指数、固定资产投资价格指数的加权平均值作为平减的价格指数,其中权重为 3 项价格指数与总价格指数的比重为权数,基期选择 1990 年。

2. 研发资本折旧率

借鉴孙凤娥和江永宏(2018)、王亚菲和王春云(2018)等的做法,选择 $\delta=20.6\%$ 为制造业行业的 R&D 资本折旧率。

3. 期初研发资本调整

在测度资本存量时,时期数要尽可能大(王孟欣,2011),但由于早期数据的缺乏,选择 2009 年作为基期,其计算公式为:

$$\text{RDstock}_{i,2009} = \frac{\left(1-\frac{\delta}{2}\right)\text{RD}_{i,2009}}{g_i+\delta}$$

其中,$\text{RDstock}_{i,2009}$ 为基期研发资本;$\text{RD}_{i,2009}$ 为基期研发投资;g_i 为行业 i 的实际研发投资增长率。

可以利用回归模型计算实际研发投资增长率:

$$\ln \text{RD}_{i,t} = \alpha_i + \beta_i t + \varepsilon_{it}$$
$$g_i = e^{\beta_i} - 1$$

其中,$\ln \text{RD}_{i,t}$ 表示 t 公司第 i 期的研发资本取对数;ε_{it} 是回归模型的误差项;α_i 和 β_i 分别是回归参数;g_i 为行业 i 的实际研发投资增长率。

4. 制造业全要素生产率计算

本节选择制造业行业物质资本与从业人数两个投入要素,其中一个产出变量为主营业务收入,采用 Malmquist 生产率指数,计算江苏省 16 个制造业行业全要素生产率。

5. 变量说明

本节采用的数据来源于 2010—2020 年《江苏统计年鉴》。其中,解释变量是不变价研发资本(RD)的自然对数和不变价对外直接投资(FDI)的自然对数,被解释变量为江苏省制造业行业全要素生产率增长率。

三、测度结果分析

结合以上测算指标,最终可以得到江苏省制造业研发资本存量测度结果,如表 7-2 所示。

表 7-2 江苏省制造业研发资本存量测度结果　　　　　单位:亿元

行业编码	年份								平均增长率/%
	2012	2013	2014	2015	2016	2017	2018	2019	
c1	9.86	10.81	12.52	15.55	18.09	20.64	22.97	24.00	13.24
c2	28.61	33.17	37.16	47.17	56.80	63.80	74.27	80.26	16.68
c3	11.93	17.12	20.48	27.12	33.44	36.97	39.86	40.79	27.38
c4	3.19	5.27	7.42	11.94	17.30	21.80	24.36	26.45	38.97
c5	13.26	17.12	20.96	30.08	39.63	47.70	58.00	64.43	28.89
c6	1.95	2.83	3.16	4.33	5.11	5.96	7.16	8.53	36.51
c7	139.78	165.90	193.07	248.42	302.41	360.37	409.00	449.83	19.46
c8	9.91	13.02	15.62	23.96	32.51	42.71	51.89	63.78	32.40
c9	76.95	85.57	93.86	108.33	120.08	139.92	159.33	192.81	13.86
c10	21.98	27.46	32.12	44.57	57.52	71.27	84.32	100.82	24.24
c11	55.77	65.12	75.18	100.45	125.52	142.16	160.24	184.48	18.87
c12	29.84	39.52	48.03	70.14	92.62	116.91	141.72	160.58	28.40
c13	61.36	71.46	77.21	101.20	125.01	150.37	177.69	206.87	19.75
c14	124.98	146.60	171.75	214.01	252.24	292.75	330.68	360.42	17.03
c15	129.70	146.20	162.19	184.52	208.04	230.81	266.52	312.69	13.79
c16	24.86	28.97	34.57	43.74	53.46	62.80	70.82	74.64	17.81
合计	743.93	876.15	1 005.3	1 275.5	1 539.7	1 806.9	2 078.8	2 351.3	18.52

2012—2019 年间,江苏省制造业 16 个行业的总研发资本从 2012 年的 743.93 亿元增长到 2019 年的 2 351.38 亿元,研发资本总量增长明显,年均实际增长 18.52%。研发资本实际增长率在 2012—2015 年呈现先下降后上升的变化趋势,而 2015 年之后呈现下降的趋势,其中,2019 年只增长了 13.11%,为近几年最低,如图 7-1 所示。

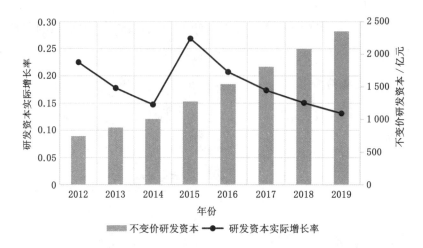

图 7-1　江苏省制造业不变价研发资本及其实际增长率

从各个行业增长情况来看,增长最快的行业是木材加工品和家具制造业,年均增长 38.97%;其次是石油、炼焦产品和核燃料加工业,年均增长 36.51%;第三是非金属矿物制品业,年均增长 32.40%。低于行业的平均增长率 18.52% 的行业总共有 6 个,分别是增长率最低的食品和烟草制造业,年均增长率只有 13.24%;其次是通信设备、计算机和其他电子设备制造业,年均增长率只有 13.79%;其余依次是金属冶炼和压延加工业的 13.86%,纺织业的 16.68%,电气机械和器材制造业的 17.03%、仪器仪表制造业的 17.81%。

从以上分析可以看出,江苏省行业知识资本增长主要以传统的制造业、资源制造业为主,而通信设备、计算机及其他电子设备制造业增长缓慢,不利于江苏省高端制造业成为创新驱动的重要力量。

第三节　实证结果分析

一、空间相关性 Moran'I 检验

本书利用 2012—2019 年江苏省 16 个制造业行业的截面数据,以行业的全要素生产率计算全局的 Moran'I 指数(见表 7-3)。Moran'I 指数反映的是空间相关关系,在行业相关性中,当 Moran'I 指数小于 0 或大于 −1 时,表明行业之间的关联关系是负相关;Moran'I 指数大于 0 或小于 1 时,表明行业之间的关联关系是正相关;Moran'I 指数等于 0,表明行业之间的关联关系是不相关。

表 7-3　各期 Moran'I 指数

年份	前向	p	后向	p	水平	p
2012	0.192	0.000	0.162	0.003	0.007	0.66
2013	0.076	0.036	0.157	0.003	−0.082	0.931
2014	0.221	0.000	0.151	0.004	−0.001	0.689
2015	0.050	0.075	0.063	0.088	0.124	0.275
2016	0.257	0.000	0.069	0.077	−0.122	0.739
2017	0.079	0.030	0.072	0.069	−0.571	0.005
2018	0.049	0.026	0.031	0.196	−0.588	0.001
2019	0.108	0.008	0.061	0.092	−0.400	0.059

从表 7-3 可知,垂直维度的后向关联矩阵和前向关联矩阵计算的各期 Moran'I 指数,p 值均在 10% 的显著性水平下显著,且 Moran'I 指数均为正数,表明各行业间存在前向和后向的联系;虽然水平维度的经济距离矩阵计算的 Moran'I 指数在 2012—2016 年 p 值不显著,但 2017—2019 年 p 值显著,也表明行业间水平维度的经济技术联系在逐步增强。

二、面板模型回归分析

对制造业行业的面板数据进行回归分析,Hausman 检验的 p 值为 0.068 1,在 10% 显著性水平下显著,应该使用固定效应模型。

表 7-4 的回归结果表明,研发资本存量对制造业全要素生产率有显著的促进作用,但对外直接投资与制造业全要素生产率存在反向关系。党的十八大以

来,江苏省按照"两聚一高"战略部署,全面推进科技创新和科技体制改革,加大科技资金投入,加快科技成果转化,促进全要素生产率增长。

表 7-4　面板模型回归结果

	RE	FE
RD	0.947 6 *** (0.003)	1.121 9 *** (0.002)
FDI	−0.032 9 *** (0.004)	−0.036 8 ** (0.034)
常数项	1.156 0 *** (0.000)	1.161 2 *** (0.000)
Hausman 检验	5.37 * (0.068 1)	

注:括号内是统计量 p 值,其中符号 *** 、** 、* 分别表示在 1%、5% 和 10% 的水平上显著。

三、空间计量回归分析

本书使用 2012 年江苏省投入产出表构建制造业行业前向关联矩阵、后向关联矩阵以及经济距离矩阵,进而使用空间计量回归方法,测度研发资本行业溢出效应。如表 7-5 所示,随机效应和固定效应的 Hausman 检验结果表明,3 种情况下均选择固定效应模型。

表 7-5　空间计量回归结果

	前向	后向	水平
RD	1.121 6 ** (0.016)	1.000 6 * (0.032)	1.249 6 *** (0.005)
FDI	−2.805 6(0.185)	−2.344 5(0.269)	−3.984 4 * (0.072)
$W_B \cdot RD$	2.557 * (0.061)		
$W_B \cdot FDI$	−0.039 0(0.215)		
$W_F \cdot RD$		4.902 3 *** (0.000)	
$W_F \cdot FDI$		−1.324 *** (0.002)	
$W_S \cdot RD$			0.861 8(0.188)
$W_S \cdot FDI$			−0.744(0.251)
Hausman 检验	85.73 *** (0.000 0)	46.02 *** (0.000 0)	10.99 *** (0.004 1)

注:W_B 表示后向 R&D 资本溢出空间加权矩阵;W_F 表示前向 R&D 资本溢出空间加权矩阵;W_S 表示水平研发资本溢出空间加权矩阵。括号内是 t 统计量 p 值,其中符号 *** 、** 、* 分别表示在 1%、5% 和 10% 的水平上显著。

本行业的研发资本在前向、后向和水平维度情况下,均能显著促进该行业全要素生产率的增长。在垂直维度,前、后向研发资本的溢出效应均呈现正向关系,即本行业全要素生产率的增长受上游制造业行业研发资本正向的溢出贡献,而来自下游行业研发资本的溢出效应也为正。这说明作为产品供给方的上游以及下游的需求方都对本行业的全要素生产率的增长具有驱动作用。江苏省制造业行业供给端产品的技术水平具有溢出效应,同时下游的需求端也具有反向溢出效应。

在水平维度上,规模类似行业存在着竞争和互补效应,当竞争效应小于互补效应时表现为正向的知识资本溢出作用。第 3 列加权的 $W_s \cdot RD$ 系数为正但不显著,显示江苏省制造业行业间的正向溢出作用不明显,行业间的互补效应和吸纳能力不强,不能促进全要素生产率增长。

从以上分析可得,垂直维度的前、后向知识资本对全要素生产率影响均呈现正向溢出效应,水平维度的知识资本对全要素生产率的溢出效应不明显。江苏省应鼓励制造业部门继续加大知识资本的投入,有效提高知识资本活动产出,促进自主创新能力提高,推动全要素生产率进一步增长;重视上游企业的基础研究,进一步提高供给端产品或服务的技术水平,同时满足下游需求端的需求,形成上下游行业间知识资本溢出良性循环模式;进一步提高制造业行业的技术吸纳能力,避免同质竞争,使得知识资本成效更高。

第八章　结论、建议与展望

第 一 节　研 究 结 论

知识资本是增强科技创新和自主创新能力的关键动力,是经济发展的战略生产要素,是转变经济发展方式的重要支撑。经济的高质量发展要依靠知识资本战略要素的优化组合,要依靠知识资本集聚和溢出效应的发挥。鉴于此,本书通过借鉴国内外关于知识资本溢出的理论研究与实践,并根据我国与江苏省的实际情况,研究了我国区域知识资本与江苏省知识资本溢出效应。本书首先从理论方面研究了知识资本溢出效应,并利用 CHS 框架测度了我国区域知识资本存量和江苏省知识资本存量;其次,使用空间计量技术,研究了我国区域知识资本对产业结构优化升级、能源强度和碳排放强度的空间溢出效应;再次,从空间溢出和行业溢出两种效应,研究了江苏省 13 个地级市和 16 个制造业行业的知识资本溢出效应;最后,根据研究成果提出了政策建议。本课题的研究结论可概括为以下 4 个方面。

一、我国区域知识资本测度

我国区域知识资本存量具有以下主要特征:我国知识资本的省级差异较大,知识资本存量较高的省份主要集中于东部沿海地区,虽然 2015—2019 年增长缓慢,但与中西部地区的差距仍在扩大;东北三省的知识资本存量下降较快;中部地区正奋力直追,但由于东部地区增长仍比中部地区快,两者的差距也在扩大;虽然西部地区的经济增长比较快,但西部地区的知识资本存量仍在不断下降。由此我们可以看出,中西部与东北地区知识资本增长缓慢,我国中西部与东北地区高质量发展的动力不足,会进一步拉大与东部地区发展的差距。

二、我国区域知识资本空间溢出效应

通过对我国区域知识资本的空间溢出效应的分析,从邻接矩阵空间距离、反地理空间距离和经济空间距离 3 种溢出机制研究发现,区域知识资本存量、集聚和流动不仅有利于本区域的产业结构升级优化,降低能源强度与碳排放强度,也有利于邻近区域,但东部地区的空间溢出效应更加明显。因而,我国区域知识资本投入、集聚和流动,是我国区域协调发展的重要推动力量。

三、江苏省知识资本空间溢出效应

江苏省苏南、苏中、苏北三大区域知识资本存量存在着发展不平衡、不协调的问题。苏北地区和苏中地区知识资本规模与苏南地区差距明显,苏南地区知识资本增长缓慢,并有下降的趋势。江苏省与广东省在计算机信息资本和创新性资本方面差距明显,可以说江苏省在知识资本水平方面已落后于广东省。江苏与广东两省对知识资本的政策支持力度也存在着差距。教育财政支出、科学技术财政支出与文化传媒支出等 3 个指标,广东省都比江苏省高,特别是科学技术财政支出是江苏省的两倍还多,表明广东省对创新资本的投入政策支持力度较大。

通过空间计量分析,江苏省内部各地区知识资本不仅对相邻地区经济增长有显著的溢出影响,相邻地区知识资本也会显著影响本区域的经济增长。江苏省区域发展呈现协调发展的态势,但还存在着区域知识资本分布不均衡的状态。通过空间关联网络分析,江苏省区域知识资本空间关联紧密程度仍较为一般,知识资本联系的板块则较为分散。

四、江苏省知识资本行业溢出效应

江苏省行业知识资本增长主要以传统的制造业、资源制造业等为主,而通信设备、计算机及其他电子设备制造业增长缓慢,不利于江苏省高端制造业成为创新驱动的重要力量。垂直维度的前后向知识资本对全要素生产率影响均呈现正向溢出效应,水平维度的知识资本对全要素生产率的溢出效应不明显。

第二节　政策建议

一、我国区域知识资本提升建议

（1）改善区域内信息流动机制，提高计算机信息化资本水平。

国家要建设信息化政府，简化政府办事流程，提高电子政务水平，加快区域信息基础设施建设，建设智慧城市等；把握互联网、物联网、大数据、人工智能、云技术和虚拟技术等数字产业和数字经济发展规律，促进企业数字化转型，提高企业对计算机信息化资本的投入，并实现数字经济对区域内传统经济以及区域外的经济发展的溢出作用。

（2）实现区域创新能力的协调发展，加快推进区域协同创新体系建设。

从现实来看，我国东、中和西部的创新资本存量很不平衡，因此要引导创新资本流向最需要的地区，促进跨区域创新资本的合作。国家应建立补偿机制，提升落后地区的创新资本存量、增量与成效水平。对于知识资本指数领先的发达地区，应开展与周边地区的合作，形成协同提升区域创新资本的合力；对于知识资本指数中等的地区，应积极探索与其他地区的知识共享、资源互动、行动同步、系统匹配，加快提升区域创新资本；对于落后型地区，要专注于自身核心资源优势，寻求创新突破口，培育区域创新发展的特色模式，同时吸收来自其他区域的创新资本，进而提升区域创新资本。

（3）提高区域经济能力资本发展水平，构建区域品牌资本，培训和组织资本投入机制。

一是完善并优化市场主体（企业及社会组织等）的信用评价机制；二是加强诚信监管，如商品质量监管、知识产权保护监管等；三是优化社会对政府机构的信任，主要路径是提高政府机构的透明度和信息发布，解决政府与社会的信息不对称行为；四是完善推动社会信任度提升的法律法规体系。

二、江苏省区域知识资本提升建议

江苏省要以高质量发展为目标，只有充分认识到知识资本是高质量发展的基础要素，加快知识资本的积累、投入与成效，才能早日实现江苏省高质量发展。

（1）通过制度创新，打破行政区域的传统划分与壁垒，实现苏南、苏中跨江融合,实现知识资本的充分流动与融合,提高知识资本的溢出效应,缩小区域知识资本发展差距。

(2)强化市场在资源配置方面的决定性作用。首先,通过政府职能的彻底转变,提高政府的服务意识,对于人才、创新激励,社会公共基础与环境保障等方面,要简政放权,减少审批流程,减少多头管理现象;其次,制定更加优惠的政策,提高优惠力度,创造公平竞争的创新环境,激发江苏省民间创新潜力,吸引民间创新投资。

(3)推动更高水平的改革开放。首先,要通过"一带一路"等战略构筑江苏省承担国家战略新平台,形成江苏省开放的新格局;其次,鼓励江苏省企业开拓国际市场,在全球建立和完善以我为主的技术、服务、标准,从而迈入全球高端价值链,培育江苏省产业在国际上的引领性优势;最后,通过人才、创新合作,吸引国际创新人员与资金,加强创新合作,提高知识资本溢出效应。

(4)突出创新资本驱动,推动高质量新动能。坚持把创新资本作为高质量发展的核心动力,首先,要发挥创新政策的引领作用,加快落实以及提高创新活动的普惠性财政奖励,配套跟进和细化"创新 40 条"等政策措施,创造更加公平的创新环境与创新政策支撑体系;其次,要注重基础研究、原始创新,注重应用研究的集成创新,把握互联网、物联网、大数据、人工智能、新能源、生命科学等前沿科技,加快前沿科技成果的转化,实现重大科技创新的产业化;最后,优化创新活动空间,以城市群、大学科技园、国家级开发区、国家新区、龙头企业等平台为依托,建立自主创新示范区,完善科技成果交易平台,实现科技成果的效益。

(5)充分认识各地区在关联网络中的角色、地位和作用,各板块在网络中的位置和功能,以及动能在网络内的传递路径。政府应在此基础上有针对性地开展政策调控,定向而精准地协调区域间创新发展的不平衡,不仅要进一步激发苏南双向溢出和主溢出板块的溢出效应,也要支持经纪人板块的资源传递,从而形成高效的动能传递机制,促进落后区域的发展。

(6)江苏省应鼓励制造业部门继续加大对知识资本的投入,有效提高制造业知识资本活动产出。首先,提高高端制造业如电子及通信设备制造业、医疗仪器设备及仪器仪表制造业等计算机信息资本和创新资本的投入,加大数字经济发展与创新驱动能力,实现传统制造业的数字化转型;其次,加大对制造业经济能力的资本投入,实现品牌升级,提高品牌价值;最后,构建制造业上下游、行业间资源的共享、流动机制,形成上下游、行业间知识资本溢出的良性循环模式,促进制造业产业链协同发展。

第三节　局限与展望

本课题在借鉴现行国家和地区经验的基础上,对区域知识资本溢出效应等进行了探索性研究,但仍存在不足之处。

（1）江苏省13个地级市知识资本存量测度数据的不可获得性问题,导致本课题只能使用研发资本衡量13个地级市知识资本存量,低估了13个地级市的知识资本存量。

（2）本课题选用的指标来源于公开的统计年鉴,部分指标并没有进行统计,或者已有统计数据但没有公开,或者对一些地区进行统计但其他地区并没有统计,特别对于地级市数据,数据的获得性、可比性与连贯性更差。

本课题的研究仍有较大的提升空间。

（1）区域知识资本理论还不成熟,区域知识资本的内容、结构及其对经济社会发展的空间溢出与行业溢出机制等方面还没有达成一致。因此,区域知识资本理论还有待更深入的研究。

（2）对我国和江苏省不同区域进行了比较研究,分析了差距,但知识资本溢出效应并不局限于此。未来应探索知识资本在收入差距、共同富裕、协调发展以及高质量发展等方面的支持性作用,深度挖掘知识资本的作用机制,探索知识资本的发展战略。

参 考 文 献

[1] 白俊红,王林东.政府科技资助与中国工业企业全要素生产率:基于空间计量模型的研究[J].中国经济问题,2016(3):3-16.

[2] 蔡杰,龙志和.知识溢出研究的比较分析[J].科技进步与对策,2007,24(9):91-93.

[3] 陈傲,柳卸林,程鹏.空间知识溢出影响因素的作用机制[J].科学学研究,2011,29(6):883-889.

[4] 陈武,常燕.智力资本对区域创新能力的影响机理研究[J].技术经济,2011,30(7):1-8.

[5] 陈武,何庆丰,王学军.基于智力资本的区域创新能力形成机理:来自我国地级市样本数据的经验证据[J].软科学,2011,25(4):1-7.

[6] 陈武,王学军.区域智力资本对区域经济增长的作用:基于湖北省的实证研究[J].技术经济,2010,29(8):38-44,115.

[7] 陈武,王学军.我国智力资本及其创新能力评估:基于20年面板数据的实证研究[J].科学学与科学技术管理,2010,31(5):193-199.

[8] 陈钰芬.区域智力资本测度指标体系的构建[J].统计研究,2006,23(2):24-29.

[9] 程惠芳,陈超.海外知识资本对技术进步的异质性溢出效应:基于G20国家面板数据的比较研究[J].国际贸易问题,2016(6):58-69.

[10] 邓海滨,廖进中.制度质量与国际R&D溢出[J].国际贸易问题,2010(3):105-112.

[11] 董必荣,凌华,陈效林.江苏区域智力资本的测算与比较分析[J].产业与科技论坛,2010,9(10):51-55.

[12] 付凌晖.我国产业结构高级化与经济增长关系的实证研究[J].统计研究,2010,27(8):79-81.

[13] 高凌云,王永中.R&D溢出渠道、异质性反应与生产率:基于178个国家

面板数据的经验研究[J].世界经济,2008,31(2):65-73.

[14] 高亚莉,张薇,李再扬.2000—2007年我国区域智力资本的测量[J].情报杂志,2009,28(9):83-87.

[15] 何卫红,易莹莹.区域知识资本对经济发展的影响研究[J].商业时代,2012(34):137-139.

[16] 何宗樾,宋旭光.直接融资、间接融资与经济增长:基于中国季度数据的实证研究[J].云南财经大学学报,2019,35(11):40-48.

[17] 侯翠玲,李洋.区域知识资本与区域经济发展的协同度分析[J].企业导报,2012(12):130-131.

[18] 江永宏,孙凤娥.研发支出资本化核算及对GDP和主要变量的影响[J].统计研究,2016,33(4):8-17.

[19] 冷建飞,李如月.直接影响和空间溢出效应:知识资本对中国工业全要素生产率的影响研究[J].工业技术经济,2016,35(9):70-76.

[20] 李敬,陈澍,万广华,等.中国区域经济增长的空间关联及其解释:基于网络分析方法[J].经济研究,2014,49(11):4-16.

[21] 李平.国家智力资本理论研究现状及启示[J].重庆工商大学学报(西部论坛),2006,16(3):63-67.

[22] 李平.区域智力资本:区域经济研究的新视角[J].重庆大学学报(社会科学版),2007,13(5):6-10.

[23] 李双杰,李春琦.全要素能源效率测度方法的修正设计与应用[J].数量经济技术经济研究,2018,35(9):110-125.

[24] 李卫兵,王彦淇.中国区域智力资本的测度及其空间溢出效应研究[J].华中科技大学学报(社会科学版),2018,32(1):64-75.

[25] 刘浩,张运华.知识资本对我国区域经济增长作用的实证研究[J].科技管理研究,2013,33(12):72-75.

[26] 刘舜佳.进口贸易研发知识二次溢出的空间测度:基于Coe-Helpman-Durbin模型的检验[J].南方经济,2013(8):57-68.

[27] 刘思嘉,赵金楼.区域知识资本对经济发展促进作用的特性分析[J].图书馆学研究,2009(10):86-91.

[28] 刘晓宁.智力资本对区域经济增长的影响[J].统计与决策,2006(18):121-123.

[29] 楼文高,杨雪梅,张卫.区域智力资本评价的投影寻踪模型及其实证研究

[J].情报杂志,2010,29(7):113-116.

[30] 路军,孙冰.区域智力资本对区域创新能力的影响关系分析[J].商业时代,
2013(27):128-130.

[31] 潘文卿.外商投资对中国工业部门的外溢效应:基于面板数据的分析[J].
世界经济,2003,26(6):3-7.

[32] 潘忻.城市智力资本的衡量:以南京为例[J].江苏统计,2003(1):25-27.

[33] 蒲惠荧,陈和.区域智力资本对区域经济发展的影响:基于广东省的实证研
究[J].工业技术经济,2010,29(9):106-112.

[34] 蒲祖生.区域智力资本与区域企业成长相关性研究[J].统计与决策,2010
(24):91-94.

[35] 齐亚伟,陶长琪.环境约束下要素集聚对区域创新能力的影响:基于GWR
模型的实证分析[J].科研管理,2014,35(9):17-24.

[36] 邵汉华,钟琪.研发要素空间流动与区域协同创新效率[J].软科学,2018,
32(11):120-123.

[37] 苏方林.省域R&D知识溢出的GWR实证分析[J].数量经济技术经济研
究,2007,24(2):145-153.

[38] 孙凤娥,江永宏.我国地区R&D资本存量测算:1978—2015年[J].统计研
究,2018,35(2):99-108.

[39] 孙凤娥,江永宏.中国研发资本测算及其经济增长贡献[J].经济与管理研
究,2017,38(2):3-12.

[40] 唐保庆.贸易结构、吸收能力与国际R&D溢出效应[J].国际贸易问题,
2010(2):91-97.

[41] 唐新贵,许志波,闫森.区域知识资本及其对区域发展的影响研究[J].经济
地理,2012,32(2):33-38.

[42] 唐一冰,谢富纪.国家和地区的知识资本及其研究方法[J].哈尔滨商业大
学学报(自然科学版),2010,26(2):248-253.

[43] 田侃,倪红福,李罗伟.中国无形资产测算及其作用分析[J].中国工业经
济,2016(3):5-19.

[44] 汪辉平,王美霞,王增涛.FDI、空间溢出与中国工业全要素生产率:基于空
间杜宾模型的研究[J].统计与信息论坛,2016,31(6):44-50.

[45] 王孟欣.我国区域R&D资本存量的测算[J].江苏大学学报(社会科学
版),2011,13(1):84-88.

[46] 王孝斌,陈武,王学军.区域智力资本与区域经济发展[J].数量经济技术经济研究,2009,26(3):16-31.

[47] 王学军,陈武.区域智力资本与区域创新能力的关系:基于湖北省的实证研究[J].中国工业经济,2008(9):25-36.

[48] 王亚菲,王春云.中国制造业研究与开发资本存量测算[J].统计研究,2018,35(7):16-27.

[49] 王英,刘思峰.国际技术外溢渠道的实证研究[J].数量经济技术经济研究,2008,25(4):153-161.

[50] 王云,龙志和,陈青青.文化资本对我国经济增长的影响:基于扩展 MRW 模型[J].软科学,2013,27(4):12-16.

[51] 王哲.知识资本扩张与区域知识创新网络构建研究:兼以安徽省会经济圈为例[J].未来与发展,2009,30(4):78-81,89.

[52] 吴洁,张运华,施琴芬.从知识资本指数评估地区创新表现[J].研究与发展管理,2009,21(2):103-108.

[53] 吴玉鸣.外商直接投资与环境规制关联机制的面板数据分析[J].经济地理,2007,27(1):11-14.

[54] 夏同水,张延华.区域智力资本投资与经济增长的关系:对我国 20 个省市 20 年间的面板数据分析[J].山东大学学报(哲学社会科学版),2011(2):92-97.

[55] 肖文,徐静,林高榜.生产性服务业与制造业关联效应的实证研究:以浙江省为例[J].学海,2011(4):75-80.

[56] 许箫迪,王子龙,李晓雯.区域知识溢出的集群效应研究[J].财贸研究,2006,17(2):24-28.

[57] 许箫迪,王子龙,谭清美.知识溢出效应测度的实证研究[J].科研管理,2007,28(5):76-86.

[58] 闫婷婷.智力资本对区域可持续发展支撑能力的评价:以山东省为例[J].经济研究导刊,2010(15):153-155.

[59] 杨河清,陈怡安.海归回流:知识溢出及门槛效应:基于中国的实证检验[J].人口研究,2013,37(5):91-102.

[60] 杨利雄,张春丽.基于时变参数模型的中国研发投入回报率估算[J].统计与决策,2017(1):98-101.

[61] 叶红雨,杨清.全球价值链下中国企业逆向技术外溢效应的实证研究[J].

研究与发展管理,2013,25(4):61-68.

[62] 易莹莹,何卫红.区域智力资本对经济发展的影响研究[J].商业时代,2012 (34):137-139.

[63] 尤建新,陈震,邵鲁宁.产业间 R&D 溢出对创新产出的动态效应研究:基于上海市大中型工业企业的实证研究[J].科学学与科学技术管理,2011, 32(4):52-57.

[64] 余典范,干春晖,郑若谷.中国产业结构的关联特征分析:基于投入产出结构分解技术的实证研究[J].中国工业经济,2011(11):5-15.

[65] 余东华,张鑫宇.知识资本投入、产业间纵向关联与制造业创新产出[J].财经问题研究,2018(3):38-47.

[66] 余泳泽.创新要素集聚、政府支持与科技创新效率:基于省域数据的空间面板计量分析[J].经济评论,2011(2):93-101.

[67] 余泳泽.中国区域创新活动的"协同效应"与"挤占效应":基于创新价值链视角的研究[J].中国工业经济,2015(10):37-52.

[68] 张其春.区域智力资本对经济增长方式转变的影响机理分析[J].沈阳建筑大学学报(社会科学版),2010,12(4):446-450.

[69] 张秀萍,柳中权,张弛,等.区域智力资本的测度及其提升的主要路径选择:以辽宁省为例[J].湖南大学学报(社会科学版),2011,25(3):111-117.

[70] 张运华,吴洁.区域智力资本:基于面板数据的评估体系验证及应用[J].工业技术经济,2015,34(6):145-153.

[71] 赵罡,陈武,王学军.智力资本内涵及构成研究综述[J].科技进步与对策,2009,26(4):154-160.

[72] 赵海林.区域智力资本的衡量及和谐发展[J].华东经济管理,2008,22 (11):37-41.

[73] 赵静杰,马静.区域知识资本评价及对我国创新集群发展的作用[J].情报科学,2010,28(8):1183-1188,1193.

[74] 赵坤,孙锐.从知识资本结构看区域经济发展模式的选择[J].工业技术经济,2006,25(3):7-9.

[75] 郑世林,杨梦俊.中国省际无形资本存量估算:2000—2016 年[J].管理世界,2020,36(9):67-82.

[76] 郑世林,张美晨.科技进步对中国经济增长的贡献率估计:1990—2017 年[J].世界经济,2019,42(10):73-97.

[77] 朱平芳,项歌德,王永水. 中国工业行业间 R&D 溢出效应研究[J]. 经济研究,2016,51(11):44-55.

[78] 朱钟棣,罗海梅,李小平. 中国 OEM 厂商的升级之路[J]. 南开大学学报(哲学社会科学版),2006(5):125-133.

[79] ANDRIESSEN D,STAM C. Intellectual capital of the European Union: measauring the Arab region[J]. Journal of intellectual capital,2004,5(1):13-39.

[80] ASIAEI K,BONTIS N,ALIZADEH R,et al. Green intellectual capital and environmental management accounting: natural resource orchestration in favor of environmental performance [J]. Business strategy and the environment,2022,31(1):76-93.

[81] ASIAEI K,JUSOH R,BARANI O,et al. How does green intellectual capital boost performance? The mediating role of environmental performance measurement systems [J]. Business strategy and the environment,2022,31(4):1587-1606.

[82] BONTIS N. Intellectual capital: an exploratory study that develops measures and models[J]. Management decision,1998,36(2):63-76.

[83] BONTIS N. National intellectual capital index[J]. Journal of intellectual capital,2004,5(1):13-39.

[84] BORNEMANN M, ALWERT K, WILL M. Lessons learned in intellectual capital management in Germany between 2000 and 2020-history,applications,outlook[J]. Journal of intellectual capital,2021,22(3):560-586.

[85] BOUNFOUR A. The IC-dVAL approach [J]. Journal of intellectual capital,2003,4(3):396-413.

[86] BROOKING A. The management of intellectual capital[J]. Long range planning,1997,30(3):364-365.

[87] BUENO E,SALMADOR M P,RODRÍGUEZÓ,et al. Internal logic of intellectual capital: a biological approach [J]. Journal of intellectual capital,2006,7(3):394-405.

[88] CORRADO C A,SICHEL D E,HULTEN C R. Intangible capital and economic growth[J]. SSRN electronic journal,2006,3(3/4):178-197.

[89] CORRADO C, HULTEN C, SICHEL D. Intangible capital and U. S. economic growth[J]. Review of income and wealth,2009,55(3):661-685.

[90] DAOU A, JOSEPH J, YOUSIF D S, et al. Intellectual capital and resilience in torn societies[J]. Journal of intellectual capital,2019,20(4): 598-618.

[91] DIERICKX I, COOL K. Asset stock accumulation and sustainability of competitive advantage[J]. Management science,1989,35(12):1504-1511.

[92] EDVINSSON L, SULLIVAN P. Developing a model for managing intellectual capital [J]. European management journal, 1996, 14 (4): 356-364.

[93] ERIK SVEIBY K. The intangible assets monitor[J]. Journal of human resource costing & accounting,1997,2(1):73-97.

[94] FERREIRA J J M,FERNANDES C,VEIGA P. Multilevel approaches to advancing the measurement of intellectual capital research field-what can we learn from the literature? [J]. Journal of intellectual capital,2021,22 (6):971-999.

[95] FIRER S,MITCHELL WILLIAMS S. Intellectual capital and traditional measures of corporate performance[J]. Journal of intellectual capital, 2003,4(3):348-360.

[96] HABIB M, ABBAS J, NOMAN R. Are human capital, intellectual property rights, and research and development expenditures really important for total factor productivity? An empirical analysis [J]. International journal of social economics,2019,46(6):756-774.

[97] HASKEL J,WESTLAKE S. Productivity and secular stagnation in the intangible economy[M]. Vox Cepr:Policy Portal,2018.

[98] HASKEL J,WESTLAKE S. Capitalism without capital[D]. New Jersey: Princeton University,2018.

[99] HUGGINS R. Regional competitive intelligence: benchmarking and policy-making[J]. Regional studies,2010,44(5):639-658.

[100] KAPLAN R S, NORTON D P. Using the balanced scorecard as a strategic management system[J]. Harvard business review,2007,85(7/8):150.

［101］KJAERGAARD I. Constructing a knowledge-based identity：experiences from working with intellectual capital statements［J］. Corporate reputation review,2003,6(3):266-275.

［102］LABRA R,SáNCHEZ M P. Intellectual capital of nations:a comparative analysis of assessment models［J］. Knowledge management research & practice,2017,15(2):169-183.

［103］LUIS HERVAS-OLIVER J, DALMAU-PORTA J I. Which IC components explain national IC stocks? ［J］. Journal of intellectual capital,2007,8(3):444-469.

［104］MALHOTRA Y. Knowledge assets in the global economy: assessment of national intellectual capital［J］. Management journal,1996,14(4): 356-364.

［105］MARTINS RODRIGUEZ B,MARíA VIEDMA MARTí J. The region's intellectual capital benchmarking system: enabling economic growth through evaluation［J］. Journal of knowledge management,2006,10(5): 41-54.

［106］MAVRIDIS D G. The intellectual capital performance of the Japanese banking sector［J］. Journal of intellectual capital,2004,5(1):92-115.

［107］MIKIC M, HORVATINOVIC T, KOVAC I. Climbing up the regional intellectual capital tree: an EU entrepreneurial ecosystem analysis［J］. Journal of intellectual capital,2021,22(6):1030-1054.

［108］NAVARRO J,RUIZ V L,PENA D N. A theoretical intellectual capital model applied to cities［J］. The amfiteatru economic journal,2013,15: 455-468.

［109］NIELSEN C, NIKOLAJ BUKH P, MOURITSEN J, et al. Intellectual capital statements on their way to the stock exchange［J］. Journal of intellectual capital,2006,7(2):221-240.

［110］ORDOÑEZ DE PABLOS P. Intellectual capital reports in India:lessons from a case study［J］. Journal of intellectual capital, 2005, 6 (1): 141-149.

［111］PAWLOWSKY P, PFLUGFELDER N S, WAGNER M H. The ISO 30401 knowledge management systems standard- a new framework for

value creation and research? [J]. Journal of intellectual capital,2021,22
(3):506-527.

[112] RAMíREZ Y, TEJADA á, SáNCHEZ M P. Determinants of online
intellectual capital disclosure by Spanish local governments[J]. Journal
of intellectual capital,2022,23(2):249-289.

[113] ROOS J. Exploring the concept of intellectual capital (IC)[J]. Long
range planning,1998,31(1):150-153.

[114] RUIZ V R L, NAVARRO J L A, PENA D N. Economic development
and intellectual capital: an international study[J]. Revista de economía
mundial,2011:22(29):211-236.

[115] SCHIUMA G, LERRO A, CARLUCCI D. The knoware tree and the
regional intellectual capital index[J]. Journal of intellectual capital,
2008,9(2):283-300.

[116] STEWART T A. Intellectual capital: the new wealth of organizations
[M]. New York:Doubleday/Currency,1997.

[117] SULLIVAN P H. Value-driven intellectual capital: how to convert
intangible corporate assets into market value [M]. New York:
Wiley,2000.

[118] ŠVARC J, LAŽNJAK J, DABIĈ M. The role of national intellectual
capital in the digital transformation of EU countries. Another digital
divide? [J]. Journal of intellectual capital,2021,22(4):768-791.

[119] TEJEDO F, LIMA L, GRAIG R. Women directors and disclosure of
intellectual capital information[J]. European research on management
and business economics,2017,23(3):123-131.

[120] TEJEDO-ROMERO F, DE ARAUJO J F F E. Determinants of local
governments' transparency in times of crisis: evidence from
municipality-level panel data[J]. Administration & society, 2018, 50
(4):527-554.

[121] UZIENE L. National intellectual capital as an indicator of the wealth of
nations:the case of the Baltic states[J]. Procedia- social and behavioral
sciences,2014,156:376-381.

[122] VANDEMAELE S N, VERGAUWEN P G M C, SMITS A J.

Intellectual capital disclosure in the Netherlands, Sweden and the UK [J]. Journal of intellectual capital,2005,6(3):417-426.

[123] VIEDMA J M. CICBS:a methodology and a framework for measuring and managing intellectual capital of cities. A practical application in the city of Mataró[J]. Knowledge management research & practice,2004,2 (1):13-23.

[124] WANG C H, JUO W J. An environmental policy of green intellectual capital:green innovation strategy for performance sustainability[J]. Business strategy and the environment,2021,30(7):3241-3254.